우리 생활 속의 숨은 일꾼

작은 생물 이야기

교과서가 쉬워지는 교과서 7
작은 생물 이야기

1판 1쇄 발행 2015년 4월 27일
1판 3쇄 발행 2023년 9월 5일

글쓴이 지태선, 김찬희 | 그린이 조혜주 | 펴낸이 김민지 | 펴낸곳 미래M&B
등록 1993년 1월 8일(제10-772호) | 주소 서울시 마포구 동교로 134(서교동 464-41) 미진빌딩 2층
전화 (02)562-1800(대표) | 팩스 (02)562-1885(대표)
전자우편 mirae@miraemnb.com | 홈페이지 www.miraei.com
블로그 blog.naver.com/miraeibooks | 인스타그램 @mirae_ibooks

ISBN 978-89-8394-778-9(74490) | ISBN 978-89-8394-656-0 (세트)

*이 책은 저작권법에 따라 한국 내에서 보호받는 저작물이므로 무단 전재와 복제를 금합니다.

아이의 미래를 여는 힘, **미래 i 아이**는 미래M&B가 만든 유아·아동 도서 브랜드입니다.

우리 생활 속의 숨은 일꾼

작은 생물 이야기

교과서가 쉬워지는 교과서 ⑦

지태선·김찬희 글 | 조혜주 그림

미래i아이

작가의 말

　버섯, 곰팡이, 미역, 세균은 동물일까, 식물일까?
　알쏭달쏭, 고개가 저절로 갸웃해지지? 버섯, 곰팡이, 미역, 세균은 동물도 식물도 아닌 '미생물'이라는 생물이야. 미생물은 아름다운 생물이라는 뜻이 아니라 '작을 미(微)'라는 한자를 쓰는, 작은 생물이라는 뜻이란다. 어느 정도로 작으냐고? 사람의 눈으로는 볼 수 없고, 현미경 등을 통해서만 볼 수 있을 정도로 작단다. 보통 0.1밀리미터보다 작은 생물을 이르지.
　어라? 하지만 버섯이나 미역은 우리 눈으로도 보이는데 어째서 미생물인 걸까? 버섯과 미역은 우리 눈에 보이지 않는 작은 부분들이 여러 개 뭉쳐져 있어 우리 눈에 보이는 것이란다. 포도 알갱이가 여러 개 붙어 있어서 하나의 포도송이를 이루듯이 미역과 버섯도 작은 부분들이 여러 개 뭉쳐서 우리 눈에 보이는 거야.

우리 눈에는 보이지 않지만, 미생물들은 우리 생활 곳곳에서 다양한 역할을 하고 있어. 버섯과 미역은 우리가 음식으로 먹기도 하고, 곰팡이는 약으로도 쓰여. 세균은 우리 몸을 아프게도 하지만, 한편으로는 우리 몸을 건강하게 지켜 주기도 해. 김치나 치즈는 세균이 없으면 만들 수 없는 음식이지. 이렇게 미생물은 우리 생활에 많은 도움을 주는데 우리는 미생물에 대해 아는 게 별로 없어. 이러면 미생물이 섭섭하겠지? 그래서 우리는 이 책에서 미생물이 어떤 생물인지, 어떤 역할을 하는지에 대해 알아볼 거야.

크기는 작지만 우리 생활에서 많은 활약을 하고 있는 미생물! 미생물에 대해 알고 나면, 미생물에는 작은 고추가 맵다는 속담이 딱 어울린다는 생각을 하게 될 거야.

지태선, 김찬희

차례

1장 균류

1 쫄깃쫄깃 맛있는 버섯 ⋯ 10
  이건 알고 있니? 독버섯과 먹을 수 있는 버섯 ⋯ 38

2 더럽고 지저분한 곰팡이 ⋯ 40
  이건 알고 있니? 메주와 청국장의 차이 ⋯ 58

3 우리가 몰랐던 숨은 능력자, 효모 ⋯ 60
  이건 알고 있니? 효모의 새로운 이용 ⋯ 71

2장 원생생물

1 우린 식물이 아니야! 조류 ⋯ 76
  이건 알고 있니? 미래의 식량, 미세 조류 클로렐라 ⋯ 86

2 우린 동물이 아니야! 편모충, 섬모충 ⋯ 88
  이건 알고 있니? 원생생물의 공생과 진화 ⋯ 94

3 작다고 무시하지 마! 육질충, 포자충 ⋯ 96
  이건 알고 있니? 동물을 조종하는 톡소포자충 ⋯ 102

3장 세균

1 여기저기 우글우글한 세균 ··· 106
   이건 알고 있니? 오래된 세균(?) 고세균 ··· 116

2 도움이 되기도 하는 세균 ··· 118
   이건 알고 있니? 세균 잡는 방패, 백신 ··· 129

3 무서운 세균 ··· 132
   이건 알고 있니? 바이러스 ··· 150

균류

주인공 소개

이름 : 균류

가족 : 곰팡이, 버섯, 효모.

특징 : 치즈, 빵, 김치 등을 만드는 데 꼭 필요한 생물. 약으로도 유용하게 쓰임. 스스로 양분을 만들지 못하기 때문에 다른 생물에 붙어서 양분을 얻는다.

수상 경력 : 푸른곰팡이에서 페니실린을 발견하고 약으로 만든 알렉산더 플레밍, 에른스트 체인, 하워드 플로리가 1945년 노벨 생리·의학상 수상.

1 쫄깃쫄깃 맛있는 버섯

 버섯은 식물이 아니야!

나, 상황버섯! 나에 대해 알고 있니? 물론 내 이름을 한 번쯤은 들어 봤을 거야. 암세포를 죽이는 힘이 아주 뛰어난 나를 모른다는 건 있을 수 없는 일이지. 어디 그뿐인가? 고혈압이나 당뇨 등의 성인병도 예방한다고. 면역력을 높여 줘 몸을 튼튼하게 하는 건 기본이고.

아, 흠흠. 내 자랑은 이 정도만 하고!

나 상황버섯이 이 자리까지 나온 건, 많은 사람들이 우리를 식물로 알고 있기 때문이야. 자존심 상하게!

우리는 엄연히 균류라는 생물의 한 종류야. 균류에는 우리 버섯 말고도 곰팡이와 효모가 포함되지. 버섯, 곰팡이, 효모는 균류를 이루고 있는 가족인 셈이야. 균류에 포함되는 종류가 무려 8만 종에 이를 정도로 우리는 거대한 가족이야.

옛날 사람들은 참으로 단순했어. 이 세상에 있는 수많은 생물을 딱 두 가지로만 나눈 거야. 스스로 움직이면 동물, 그렇지 않으면 식물로!

그 많은 생물을 딱 두 부류로만 나누려니 당연히 문제가 생기지. 동물에 넣자니 식물의 성격을 가진 녀석이 있고, 식물에 넣자니 동물의 성격을 가진 녀석들이 종종 있었거든. 그래서 동물이라 하기도 뭣하고, 식물이라 하기도 뭣한 애매한 애들이 생긴 거야. 그중에서 가장 피해를 보고 있는 게 바로 우리 버섯이지.

우린 스스로 움직이지 못해. 그래서 사람들은 우리 버섯을 식물이라고 정해 버렸어. 게다가 우리가 사는 곳이 주로 나무 옆이니 그렇게 생각할 만도 해.

하지만 이 세상에 있는 모든 식물들은 한 가지 공통점이 있어. 바로 광합성을 한다는 거지. 햇빛을 이용하여 양분을 만드는 광합성 말이야. 그런데 우리는 광합성을 못 해. 광합성을 하려면 엽록소라는 색소가

생물의 분류

예전에는 생물을 동물과 식물, 이렇게 두 가지로 분류했어. 하지만 1600년대에 네덜란드의 학자 레이우엔훅이 자신이 만든 렌즈로 빗물 속에 있는 작은 생물들을 관찰하면서 동물과 식물 외에 다양한 생물이 존재한다는 것을 밝혀냈지. 이로써 균류, 원생생물, 세균 등 미생물의 세계가 발견되었단다.

　　필요한데 버섯에겐 그런 게 없어. 아마 광합성의 '광'자도 모르는 버섯들이 수두룩할걸?

　　그럼 식물이 아니니까 동물이겠다고?

　　에이, 앞에서 말했잖아. 우린 식물이라고 하기도 뭣하지만 동물이라고 하기도 뭣하다고. 우린 스스로 움직이지 못하니까. 먹이를 찾으러 돌아다니거나 이사를 하는 건 꿈도 꿀 수 없지.

　　이제 우리 버섯의 정체를 확실히 알겠지? 식물도 아니고 동물도 아닌 '균류'라는 정체 말이야. 이렇게까지 설명했으니 이제 더 이상 우리보고 식물이라고 하는 사람은 없을 거라고 믿겠어!

🍄 곰팡이와 한가족인 버섯

찌개에 넣어서 보글보글 끓여 먹고, 기름에 달달 볶아서 먹는 맛있는 버섯이 곰팡이와 한가족이라니 찝찝하다고? 찝찝해할 필요 없어. 버섯과 곰팡이가 서로 비슷한 특징을 갖고 있기 때문에 한가족으로 묶는 것일 뿐이거든.

그렇다면 더러운 곰팡이와 맛있는 버섯은 어떤 공통점이 있기에 한가족으로 묶인 걸까? 버섯과 곰팡이는 '포자'로 번식을 하고, '균사'로 성장을 한다는 공통점이 있단다.

사과는 씨앗으로, 개구리는 알을 낳아서, 사람이나 코끼리 등의 포유류는 새끼를 낳아 자손을 번성시켜. 하지만 버섯은 포자

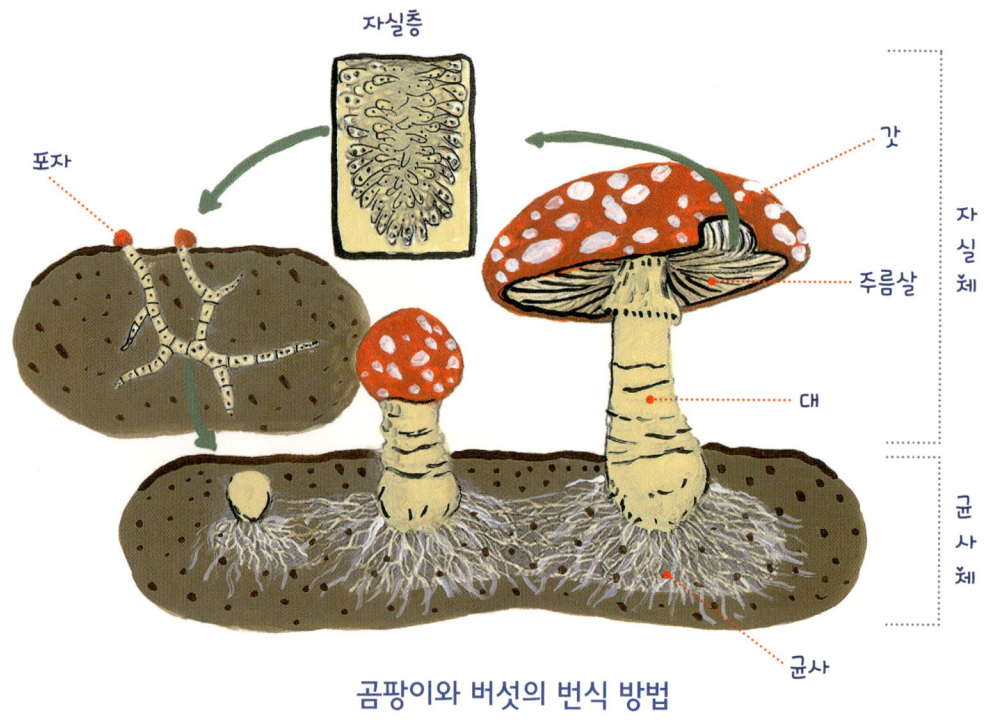

곰팡이와 버섯의 번식 방법

 를 이용해 번식을 한단다. 포자가 바로 씨앗이자 알이고, 새끼인 거야. 포자는 버섯 옆에 바로 떨어지기도 하고, 바람에 두둥실 날려서 떠다니다가 좋은 곳에 자리를 잡고 자라기도 한단다.
 이 포자가 자라면 균사가 되는 거야. 버섯 아래쪽에 뿌리처럼 생긴 게 보이지? 이게 바로 균사야. 이 균사들은 땅속이나 나무 같은 곳에 뻗어 있기 때문에 우리 눈에 보이지는 않는단다. 균사들이 자라서 싹을 틔우면 버섯이 되는 거고. 그러니까 버섯은 균사들이 피운 꽃이라고 보면 돼.

🍄 버섯의 생김새

 곤충은 머리, 가슴, 배, 식물은 뿌리, 줄기, 잎으로 구성되어 있어. 그렇다면 버섯은 어떻게 생겼을까?

 버섯은 종류가 워낙 많아서 생김새가 약간씩은 다 다르단다. 여러 종류 가운데 우리가 자주 보고 자주 먹는 주름버섯목을 중심으로 살펴보자.

 주름버섯목은 갓과 주름살, 대로 이루어져 있어. 자, 그림을 봐 봐. 항상 먹기만 했던 버섯, 이렇게 자세하게 들여다 본 건 아마도 처음일 거야.

갓 : 버섯 줄기 위에 우산 모양으로 생긴 부분.

주름살 : 버섯의 포자들을 만드는 곳을 자실체라고 하는데 이 자실체가 층을 이루고 있는 것을 자실층이라고 해. 여기 주름에 자실층이 주로 형성된단다.

대 : 버섯의 갓을 받치고 있는 부분이야.

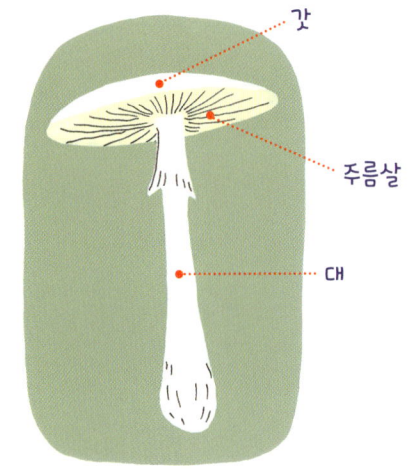

주름버섯목의 구조

🍄 버섯은 어디서 살까?

"아, 오늘은 바람이 부드럽고 따뜻해. 기분이 정말 좋은걸!"

두둥실, 버섯의 포자가 하늘을 자유롭게 날고 있었어. 기분 좋은 바람에 몸을 맡기며 떠다니던 포자는 낙엽이 잔뜩 쌓인 곳을 발견했지.

"아, 저기가 좋겠어. 이제부턴 여기서 살아야겠다."

포자는 자유로운 여행을 마치고 드디어 자신이 살 곳을 찾아 내려갔단다. 썩은 나무 밑동 옆으로, 그리고 촉촉한 물기를 머금은 최고의 집으로 말이야.

사람들은 집을 사거나 이사를 갈 때 이것저것 꼼꼼하게 따져 보고 신중하게 결정해. 교통편은 어떤지, 주변의 환경은 어떤지, 인테리어는 어떤지 등등 말이야. 하지만 버섯이 집을 고르는 기준은 아주 단순해.

먹을 게 많을 것, 그리고 수분(물)이 많을 것! 이 두 가지 조건이 갖춰지지 않으면 버섯은 제대로 자랄 수가 없단다. 그래서 여기저기 두둥실 떠다니다가 먹을 게 있고 물이 있는 곳에 자리를 잡는 거지.

버섯은 우리나라에만 약 1700여 종이 있다고 기록되어 있어. 종류가 많은 만큼 생김새도 다양하고, 버섯들이 살기에 좋은 환경도 버섯마다 다르단다. 하지만 먹을 것과 수분이 많아야 한다는 건 어떤 버섯에게나 적용되는 좋은 집의 조건이야.

버섯은 주로 낙엽이나, 썩은 나무 등으로 집을 마련해. 낙엽이나 썩은 나무는 균사들이 아주 좋아하는 음식이거든. 우리가 밥이나 빵을 먹는 것처럼, 버섯은 낙엽이나 썩은 나무를 먹는 거야. 균사가 낙엽이나 썩은 나무를 먹고 무럭무럭 자라다가 주위에 수분이 충분해지면 어느 순간 우리가 보는 버섯이 짠 하고 나타난단다.

옛날 사람들은 버섯을 신기하게 생각했어. 분명 아무것도 없는 썩은 나무일 뿐이었는데 밤새 주룩주룩 비가 오고 나면 나무에서 버섯이 쑥 자라나 있었거든. 게다가 맛도 좋고. 그래서 버섯에게 '대지의 선물'이라는 멋진 별명을 지어 주기도 했지. 이처럼 버섯은 땅속에 꼭꼭 숨어 있다가 비가 와야만 모습을 드러내는 도도한 생물이란다.

동충하초와 덧부치버섯

보통의 버섯은 낙엽과 썩은 나무의 양분을 먹지만, 조금 특이한 곳에서 양분을 얻는 버섯도 있어. 동충하초라는 버섯인데, 동충하초는 이름부터가 특이해. '겨울에는 곤충, 여름에는 풀'이라는 뜻이거든.

어? 말도 안 된다며 손사래를 치는 친구들이 있네?

그래. 사실 저 말은 당연히 말도 안 되는 얘기야. 어떻게 계절에 따라 동물이 되었다가 식물이 되었다가 하겠어. 하지만, 거짓말이 아니기도 해.

동충하초는 나비, 나방, 애벌레 등의 곤충 몸에 포자가 들어가서 자란 버섯이야. 곤충의 내장 등을 먹고 쑥쑥 자라는 거지. 그렇게 결국 균사들은 곤충을 죽이고 버섯을 쑥 키워 낸단다. 그래서 겨울에는 곤충이지만 여름에는 버섯이 된다고 해서 동충하초(冬蟲夏草)라는 이름이 붙은 거야. 곤충의 몸에서 어느새 갑자기 곤충은 죽고 버섯이 쑥 피어 올라오니 동충하초라는 이름이 딱히 틀린 건 아니지.

동충하초가 곤충 몸에 붙어 곤충을 죽이면서 양분을 얻어 자란다면, 같은 가족인 버섯에서 양분을 얻어 자라는 버섯도 있

곤충의 내장을 먹고 자란 버섯, 동충하초.

덧부치버섯

어. 동충하초처럼 살아 있는 생명을 죽이면서 자라는 건 아니고, 이미 썩은 버섯에 자리를 잡고 사는 거지.

바로 덧부치버섯이란다. 버섯 위에 또 버섯이라니, 신기하지? 게다가 아래에 있는 버섯은 썩어서 까맣고, 덧부치버섯은 하얀색이라 색 차이도 분명하고. 꼭 아빠 버섯 위에 아기 버섯이 올라가 있는 것 같지 않니?

세상에서 제일 큰 생물, 버섯

가장 큰 생물이라고 하면 보통은 코끼리나 고래 등을 가장 큰 생물이라고 생각할 거야. 하지만 뜻밖에도 세상에서 제일 큰 생물은 미생물의 하나인 버섯이란다. 사람의 눈으로는 볼 수 없는 미생물이 세상에서 제일 큰 생물이라니 믿기지 않지? 하지만 사실이란다.

　현재까지 알려진 바로는 흰긴수염고래가 가장 큰 포유동물이야. 얼마나 큰지 몸길이만 해도 보통 23~27미터나 되거든. 이 길이는 아파트 7~9층 높이와 비슷할 정도야. 몸무게는 또 어떻고. 어른 흰긴수염고래의 평균 몸무게는 자그마치 150톤! 주변에서 흔히 보는 1톤 트럭이 무려 150개가 있어야 흰긴수염고래 한 마리의 몸무게와 비슷한 거야. 정말 아찔할 정도지?

　하지만 이 엄청나게 큰 흰긴수염고래도 버섯 앞에 서면 그저 꼬맹이일 뿐!

　일단 흰긴수염고래보다도 훨씬 큰 버섯을 소개하기 전에 알아야 할 사실이 있어. 버섯의 크기에는 균사의 크기까지도 포함해야 한다는 거 말이야. 버섯은 균사들이 피워 올린 꽃이라고 할 수 있어. 균사가 없으면 버섯도 있을 수 없으니 버섯의 크기에 균사의 크기가 빠진다는 건 안 될 말이지. 이건 꼭 나무의 길이를 뿌리는 빼고 재겠다는 의미니까!

　세상에서 제일 큰 생물인 이 버섯은 기네스북에도 올랐단다. 기네스북에 올랐다는 것만으로도 놀랍지만, 거대한 크기를 알게 되면 입이 떡 벌어질걸!

　세계에서 가장 큰 생물로 기록된 버섯은 바로 꿀버섯이야. 저 멀리 미국의 서북부 지역인 오리건 주에서 발견되었는데, 나이는 약 2400살 이상이야. 한반도에 신라, 고구려, 백제가 세워질

무렵부터 자라기 시작한 거지.

 게다가 꿀버섯의 균사들은 무려 890헥타르에 이르는 넓은 지역을 덮고 있다고 해.

 890헥타르? 도대체 얼마나 큰 건지 감도 안 잡히지?

 1헥타르는 1만 제곱미터야. 쉽게 설명하면 890헥타르는 우리나라 서울의 여의도 면적과 비슷하다고 보면 돼. 실제로는 여의도가 더 작긴 하지만 말이야. 여의도를 꿀버섯의 균사들이 뒤덮고 있다고 생각해 봐. 으, 정말 무시무시한걸!

 균사만 890헥타르면, 버섯은 얼마나 클까? 여의도만 한 버섯을 실제로 본다면 엄청난 크기에 깜짝 놀라 턱이 빠질지도 모를 거야.

꿀버섯의 균사들은 약 890헥타르를 뒤덮고 있어 세계에서 가장 큰 생물로 기네스북에 등재되어 있다.

하지만 안타깝게도 그런 버섯은 없단다. 균사는 이렇게 넓게 퍼져 있지만, 땅 위로 올라온 버섯은 크지 않거든. 이 버섯은 균사체가 땅속으로 퍼지면서 자라는 버섯이기 때문이지. 도시만 한 크기의 버섯이 있다면 이 세상에 굶어 죽는 사람은 없게 되지 않을까?

버섯을 키우는 개미, 잎꾼개미

버섯은 사람만이 키울 수 있다는 편견은 버려!

놀랍게도 이미 5000만 년 전에 개미는 체계적으로 버섯농장을 만들어 버섯을 키우고, 식량으로 이용했어. 약 40여 종의 개미가 버섯농장을 운영하는데, 그중에서 최고의 버섯 농사꾼은 바로 잎꾼개미란다. 버섯 농사꾼, 잎꾼개미의 이야기를 들어 볼까?

"여왕님께서 혼인비행*을 끝내고 돌아오셨다!"

여왕개미님께서 혼인비행을 끝내고 집으로 돌아오셨어. 버섯 포자도 한 움큼 가지고 말이야. 이제 우리 일개미들의 역할이 아주 중요해. 우리가 일하지 않으면 버섯을 키울 수 없어서 가족들이 굶어 죽을지도 모르거든.

우리 일개미들은 크기에 따라 하는 일이 달라. 일개미 중에서 가장 큰 우리가 하는 일은 싱싱한 잎을 잘라 집으로 가져오는 거지.

봐, 우리가 자른 잎들이 꽤 매끈하지? 우리 턱은 사람의 살갗도 찢을 정도로 아주 강력하단다. 그러니 이런 잎을 자르는 일이야 식은 죽 먹기지. 헤헤헤.

이제 자른 잎을 우리의 보금자리로 옮겨야지. 아, 우

리가 머리에 인 잎 위에 올라탄 개미가 보이니? 얘도 우리와 같은 일개미인데 크기는 훨씬 작아. 나뭇잎만으로도 무거울 텐데 개미까지 올라가 있으니 더 힘들겠다고? 그렇다고 이 개미를 미워하면 안 돼. 우리를 지켜 주는 보디가드니까 말이야.

우리가 잎을 옮길 때, 가끔 파리들이 몰래 우리 머리에 알을 낳거든. 이 알이 깨어나면 우리 몸을 밥처럼 먹어. 파리 알의 먹이가 되어 주다가 결국엔 죽는 거지. 오늘 아침에도 절친한 친구가 파리가 낳은 알 때문에 죽었는데 어찌나 울었는지 눈이 퉁퉁 부어 떠지지 않을 정도였어. 이런 죽음의 위험에서 우릴 지켜 주는 게 바로 이 작은 일개미야. 작은 일개미들이 파리를 쫓아 주거든. 조금 힘들긴 하지만 살기 위해서는 꼭 필요해. 힘든 것과 생명을 바꿀 수는 없잖아.

"헉헉헉."

드디어 보금자리에 도착했어. 잎을 내려놓은 일개미들은 잎을 가지러 땅 위로 다시 올라가지. 우리 일개미들은 크기에 따라 4등급으로 나뉘는데 제일 큰 일개미는 이렇게 계속 잎을 가지러 쉴 새 없이 움직인단다.

그러면 이 잎들은 어떻게 하느냐고? 작은 일개미들이 잘게 잘라. 여기서도 우리의 강력한 턱이 힘을 발휘한단다. 그리고 이렇게 자른 잎을 아까보다 더 작은 일개미들이 잘근잘근 씹어서 더 잘게 만들어. 음, 작은 일개미들이 바위를 조약돌 수준으로 만들었다면, 더 작은 일개미들은 조약돌을 모래알 수준으로 만든 거라고 생각하면 돼.

그다음 아주 잘게 잘린 잎을 양분이 풍부한 배설물과 잘 섞어서 마른 잎 위에 넓게 펼쳐. 그러면 제일 작은 일개미들이 다른

혼인비행

혼인비행은 여왕개미가 알을 만들기 위해 필요한 정자를 얻으려고 비행하는 걸 말해. 여왕개미가 나는 동안 수많은 수개미들도 함께 날아오르는데, 이때 여왕개미는 수개미에게서 정자를 받아. 이렇게 받은 정자를 여왕개미는 정자낭에 보관하며, 수개미의 정자를 이용해 알을 낳는데, 단 한 번의 혼인비행으로 평생 동안 낳을 알에 필요한 정자를 얻는단다.

방에서 키우던 버섯을 떼어서 반죽 위에 심으면 쑥쑥 자라서 금방 버섯이 되지. 버섯이 무럭무럭 잘 자라야 우리가 영양분을 충분히 먹을 수 있으니 버섯을 키우는 건 우리에게 아주 중요한 일이야. 이렇게 우리 일개미들이 열심히 일을 해야 우리의 식량인 버섯을 키울 수 있거든.

우리는 자그마치 이 일을 5000만 년 전부터 해 왔어. 농사에서만큼은 우리가 너희보다 몇 배는 더 선배지. 앞으로 선배 대접 톡톡히 해 주라고!

 황금의 가치를 지닌 버섯

"폐하, 여기 달걀버섯*이옵니다."

"오, 실로 오랜만에 보는 달걀버섯이구나!"

황제가 얼굴에 웃음을 한가득 품고 말했어. 달걀버섯이라니, 이름만 들어도 입에 침이 고이는 것 같았지. 불에 살살 구워 먹으면 정말 둘이 먹다 하나가 죽어도 모를 정도로 환상적인 맛이거든.

달걀버섯

여름부터 가을 사이에 나타나는 버섯으로, 어린 버섯일 때는 윗부분이 계란처럼 동그랗지만 자라면서 평평해져. 보통 길이는 10~20센티미터 정도로, 색이 밝고 모습이 화려해 독버섯으로 오해받지만 사실은 아주 맛있는 식용 버섯이란다.

"여봐라, 농부가 가져온 달걀버섯의 무게를 재 보거라!"

신하는 농부가 가져온 달걀버섯을 저울 위에 조심스럽게 올렸어.

"폐하, 달걀버섯의 무게는 20데나리온*이옵니다."

"20데나리온이라니, 훌륭하구나. 여봐라, 황금 20데나리온을 가져오너라!"

황제는 아주 너그럽게 웃으며 신하가 가져온 황금 20데나리온을 농부에게 주었어.

"가, 감사합니다, 폐하."

"오냐오냐. 다음에 또 달걀버섯을 발견하면 바로 가져오너라. 지금처럼 가져온 달걀버섯의 무게만큼 황금을 줄 것이니. 하하하!"

황금을 잔뜩 받은 농부도, 달걀버섯을 잔뜩 얻은 황제도 모두모두 만족하며 웃었단다.

버섯의 무게만큼 황금을 준다니, 정말 놀랍지? 냉장고에 있는 버섯을 잔뜩 꺼내 황제에게 주고 싶을 정도야. 그렇다면 금방 부자가 될 수 있을 테니 말이야.

하지만 아무 버섯이나 황금으로 바꿀 수 있는 건 아니야. 농부가 황제에게 바친 '달걀버섯'만 황금으로 바꿀 수 있단다. 그

> **데나리온**
> 고대 로마의 은화로, 하나당 3.8그램의 무게 단위로 사용되기도 했어. 또한 1데나리온은 당시 보통 노동자의 하루 품삯에 해당된단다.

것도 '네로 황제'에게 가져가야만 황금으로 바꿀 수 있었지.

로마 시대의 황제인 네로 황제는 엽기적인 폭군으로 유명하단다. 하지만 네로 황제는 달걀버섯에 대해서만은 아주 너그러웠어. 달걀버섯과 황금을 바꿀 정도로 달걀버섯에 대한 사랑이 끔찍했지. 버섯을 너무 좋아한 나머지 네로 황제는 '버섯 황제'라는 귀여운 별명을 얻기도 했단다. 반대로 네로 황제가 좋아한 달걀버섯은 '황제 버섯'이라고 불리며 귀한 대접을 받고 있지.

버섯이 네로 황제에게만 사랑받은 건 아니야. 조선 최고의 성

군으로 꼽히는 정조대왕도, 조선 왕 중에서 제일 오래 산 영조대왕도 버섯의 열혈 팬이었어. 만리장성을 쌓은 진시황도 빠질 수 없는 버섯 마니아였고. 버섯이 어찌나 인기 있었던지 옛날 이집트에서는 왕인 파라오가 이런 명령도 내렸단다.

"일반 백성이 버섯을 먹으면 큰 벌을 내리겠다!"

이렇게 귀한 대접을 받으며 왕과 귀족들에게 사랑받았던 버섯! 하지만 우리는 아무 때고 먹고 싶을 때마다 버섯을 먹을 수 있으니 우리 입은 왕과 귀족 못지않게 귀한 대접을 받고 있는 거 아닐까?

영양 만점, 맛있는 버섯

된장찌개에도 넣고 잡채에도 넣고, 고기와 함께 구워 먹으면 환상의 맛을 자랑하는 버섯! 사실 버섯은 쓸모없어진 부분을 우리가 음식으로 먹는 경우라고 할 수 있어. 번식할 수 있는 포자가 떨어지고 난 후의 상태가 바로 우리가 먹는 버섯이거든. 그러니 포자가 없는 버섯은 버섯 입장에서는 쓸모가 없지.

하지만 버섯에게만 쓸모없을 뿐 우리에게 버섯은 참 맛있는 음식이야. 우리의 입과 코를 자극하는 맛있는 버섯들을 살펴볼까?

• 팽이버섯

된장찌개에 없어서는 안 될 재료, 팽이버섯! 팽이버섯은 겨울에 눈 쌓인 곳에서도 자라는 버섯이야. 늦가을에서 이른 봄에 팽나무나 무화과나무 등의 그루터기에서 자라는데 지금은 거의 인공적으로 재배하고 있어. 특히 팽이버섯에는 식이 섬유소가 풍부해 콜레스테롤 수치를 떨어뜨리는 데 도움을 준단다.

• 표고버섯

표고버섯은 참나무나 밤나무 등 평평하고 넓은 잎이 달리는 나무에서 자라. 표고버섯은 암에 대한 저항력이나 면역력을 강하게 하는 효능이 있어. 보통 그냥 먹기도 하지만 말려서 먹기도 하지. 영양 성분만 놓고 보면 말린 표고버섯이 영양가는 더 높아. 말린 표고버섯은 비타민 D가 많아 뼈에 구멍이 뚫리는 병인 골다공증 예방에 좋단다.

● 송이버섯

송이버섯은 나이가 20~50년 정도 된 소나무밭 주변에서 자라. 싹이 생기고 2주일 정도 지나면 바로 지상에 버섯의 형태로 나타나니까

정말 빨리 버섯이 되지? 향과 맛이 좋은 송이버섯은 표고버섯이나 팽이버섯 등과 달리 인공적으로 키우는 게 힘들어. 그래서 가격이 비싼 편이란다. 한번 난 곳에서 계속 나는 버섯의 특성상 송이도 같은 곳에서 해마다 채취하게 되는데, 이 때문에 송이가 나는 곳을 다른 사람에겐 비밀로 하고 혼자서 먹었다는 이야기도 많아.

● 영지버섯

불로초라고도 불리는 영지버섯은 그냥 먹으면 굉장히 써. 그래서 보통은 달여 먹는데, 영지버섯은 항암효과가 뛰어나기 때문에 약으

로 많이 달여서 먹는단다. 영지버섯은 마르면 굉장히 딱딱해지기 때문에 특이하게도 솔로 닦아 이물질을 없애지. 변비를 없애 주고, 비만을 예방하는 데도 효과 만점!

• **양송이버섯**

아마도 우리에게 가장 친숙한 버섯은 양송이버섯일 거야. 양송이 수프, 양송이버섯 덮밥 등 음식으로도 많이 해 먹고, 버섯 캐릭터를 만들 때에도 양송이버섯의 모양을 주로 사용하니까 말이야. 서양에서는 먹는 버섯이라고 하면 양송이버섯을 뜻할 정도로 소비량이 많아. 양송이버섯에는 소화를 빨리 할 수 있게 도와주는 소화효소가 들어 있어 음식물의 소화를 돕는단다.

• **새송이버섯**

이름만 보면 송이버섯과 가까울 것 같지만, 사실은 느타리버섯을 변형해 만든 버섯이란다. 대부분의 버섯이 자연에서 채취하거나 원래 버섯을 인공적으로 대량 생산한 것에 비해, 새송이버섯은 사람이 변형을 해서 태어난 버섯인 거지. 새송이버섯에는 보통 버섯에는 없는 비타민 C, 비타민 B6 등이 풍부하게 들어 있단다.

🍄 세상에서 제일 비싼 버섯, 트러플

"킁킁, 킁킁킁."

짙은 구름이 달빛마저 가린 10월의 어느 깊은 밤. 개 한 마리가 땅속 여기저기를 킁킁거리고 있었어. 프랑스 청년 이폴리트는 주변에 사람은 없는지 계속 두리번거리며 초조하게 개의 신호를 기다리고 있었지.

"킁킁킁킁킁!"

"옳지, 여기구나!"

개가 흥분해서 막 짖어 댔어. 이폴리트는 마구 짖어 대는 개를 보고 터져 나오는 웃음을 간신히 참았어. 드디어 찾은 모양이야!

이폴리트는 개가 가리킨 곳의 흙을 조심스럽게 파냈어.

"드디어 찾았다, 트러플!"

이폴리트는 세상이 떠나가라 소리를 한껏 지르고 싶었어. 하지만 꾹 참았지. 다른 사람한테 들키면 안 되니까. 대신 입 모양만으로 세상에서 가장 큰 환호성을 질렀단다.

이폴리트는 마음을 가라앉히고 이곳에 자신만 알 수 있는 은밀한 표식을 남겨 뒀지. 앞으로 매년 10월이면 여기서 또 이 '땅속의 다이아몬드'를 찾을 수 있을 테니 말이야!

이게 무슨 비밀 작전이냐고? 아니야. 이건 '트러플'이라는 버섯을 찾고 있는 것일 뿐이야.

트러플은 철갑상어의 알인 캐비어와 거위 간인 푸아그라와 함께 세계 3대 음식 재료 중에 하나란다. 맛과 향이 독특하고 뛰어나서 많은 사랑을 받고 있는 버섯이지.

보통 버섯은 땅 위에서 자라 찾기가 쉽지만 트러플은 땅속에서 자라는 특이한 버섯이야. 땅속에서 자라 사람 눈에 보이지 않으니 당연히 트러플은 채취하기가 힘들어. 새송이버섯이나 표고버섯, 양송이버섯처럼 사람이 키우는 것도 불가능하고.

그래서 후각이 아주 좋은 개를 이용해서 찾는 거란다. 개는 사람에 비해 후각이 약 만 배 정도 뛰어나거든. 그래서 깊은 향을 내지만 사람 눈에는 보이지 않는 트러플을 찾을 때 아주 유용하지. 그리고 다른 사람에게 빼앗기지 않기 위해 깊은 밤에 트러플을 찾아 나서는 거야. 사람이 키울 수도 없고, 찾기도 어렵기 때문에 트러플을 유럽에서는 '땅속의 다이아몬드'라고 불러.

트러플은 찾기도 힘들지만, 신선하게 보관하는 것도 어려워. 일단 땅속에서 밖으로 나와 3일이 지나면 신선함을 잃거든. 아무리 잘 보관해도 15일 이후면 시들지. 아주 도도하고 고귀한 버섯이지?

트러플은 날것 그대로 먹어도 되는 버섯이야. 또 강한 향 때문에 아주 적은 양으로도 그 향을 즐길 수 있어. 그래서 요리할 때도 아주 얇게 썰거나 가루처럼 만들어서 다른 요리에 뿌려서 먹지. 트러플을 먹을 때는 그 향을 최대한 느끼기 위해서 맛이 간단한 음식이나 샐러드와 함께 주로 먹는단다.

독을 품은 버섯, 독버섯

사람을 웃게 만드는 버섯이 있어. 에이, 거짓말하지 말라고? 진짜야. 갈황색미치광이버섯을 먹으면 슬프고 화나도 얼굴은 웃고 있게 될 거야. 이 버섯을 먹으면 독에 중독되어 얼굴 근육이 마비되는데, 이 때문에 얼굴이 웃는 것처럼 보인단다. 그래서 북한에서는 '웃음독버섯'이라고 불러. 다행히 치명적이지는 않기에 하루 이틀 정도면 정상으로 돌아오지.

갈황색미치광이버섯은 화려하고 예쁘다기보다는 좀 평범해 보여. 누리끼리한 색깔도 수수하고, 생김새도 밋밋하고. 그래서 독버섯과 거리가 멀어 보이지. 하지만 이건 바로 우리가 독버섯에 대해서 가장 오해하고 있는 사실이란다. 독버섯은 색깔도 화려하고, 생김새도 화려할 것이라는 거 말이야.

　사실 독버섯 중에는 색이 수수한 버섯도 많아. 독성이 강한 알광대버섯, 흰알광대버섯, 독우산광대버섯 등의 버섯은 흰색이야. 화려함과는 거리가 멀지. 오히려 흰색이라 버섯이 깨끗한 느낌마저 드는걸. 하지만 앞에서 말했듯 이 버섯들은 독성이 아주 강하단다. 그중에서 독우산광대버섯은 독성이 특히 더 강해 하나만 먹어도 죽을 수 있어. 버섯은 기온이나 습도 등 주변 환경에 따라 색깔이 변해. 그러니 색깔이 화려하다고 해서 독버

섯이라고, 색깔이 수수하다고 해서 먹을 수 있는 버섯이라고 할 수 없단다.

그림은 노랑망태버섯인데 보기에 예쁘고 화려하지? 독버섯일 것 같지만 먹을 수 있는 버섯이야. 노란색 망태는 빼고 말이지. 비록 냄새는 고약하지만!

화려한 버섯은 독버섯이라는 편견 외에도 독버섯과 먹을 수 있는 버섯을 구별하는 속설은 많아. 버섯에 벌레가 먹은 흔적이 있으면 먹을 수 있는 버섯이라는 이야기도 있지만 이것 역시 잘못된 상식이야. 독버섯의 독을 먹어도 이상이 없는 벌레들도 있거든. 버섯 갓이 세로로 찢어지면 먹을 수 있다는 속설도 있지만 대부분 버섯 갓은 다 세로로 찢어진단다.

그렇다면 독버섯과 먹을 수 있는 버섯을 나누는 기준은 뭘까? 정답은 없어. 다양한 종류만큼이나 버섯의 특징도 다양해서 일률적으로 나눈다는 게 불가능하단다. 그러니 정확한 정보 없이 산에 있는 버섯을 함부로 먹는 게 얼마나 위험한지 알겠지?

독버섯을 먹으면 구토나 설사를 하거나 경련 증세가 일어날 수 있어. 독성이 아주 강한 독버섯을 먹으면 죽을 수도 있고. 혹시라도 독버섯을 먹었다면 먹은 버섯을 들고 병원에 빨리 가는 게 좋아. 병원에 가기 전에 소금물을 먹거나 토하게 하는 것도 도움이 될 수 있단다.

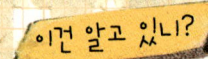

독버섯과 먹을 수 있는 버섯

싸리버섯과 붉은싸리버섯

생김새는 비슷하지만, 색깔이 확 다르지? 붉은색을 띠는 붉은싸리버섯은 먹으면 배가 아프거나 설사, 구토를 할 수 있으니까 주의해야 해.

싸리버섯

붉은싸리버섯

화경버섯과 느타리버섯

옛날 궁궐에서 사약의 재료로 쓰였던 화경버섯과 국에 넣어 끓여 먹거나 나물로 무쳐 먹는 느타리버섯! 생김새가 정말 비슷하지? 화경버섯은 밤에 청백색의 빛을 내기 때문에 달버섯이라고도 해. 먹으면 구토랑 설사는 물론 호흡 장애를 일으킬 정도로 독성이 강한 버섯이란다.

화경버섯

느타리버섯

광대버섯과 달걀버섯

네로 황제가 좋아했던 달걀버섯은 독버섯인 광대버섯과 비슷하게 생겼어. 갓 표면에 흰색 반점이 있으면 광대버섯, 흰색 반점이 없으며 가장자리가 노란색이면 달걀버섯이야. 달걀버섯은 화려해서 독버섯으로 오해받지만 식용버섯이야.

광대버섯

달걀버섯

곰보버섯과 마귀곰보버섯

두 버섯 역시 비슷하게 생겼지? 마귀곰보버섯은 독버섯이지만 말리거나 삶으면 독성 성분이 없어져 유럽에서는 최고의 식품 중에 하나로 꼽혀. 하지만 마귀곰보버섯은 날로 먹으면 호흡곤란, 혼수상태를 거쳐 죽을 수도 있으니 주의해야 한단다.

곰보버섯

마귀곰보버섯

2 더럽고 지저분한 **곰팡이**

사람을 죽음에 이르게 한 곰팡이

"이것 봐, 어제 또 한 사람이 죽었다는군!"
"뭐? 벌써 스물한 명째네. 투탕카멘의 저주가 사실이었던 거야."
"암! 파라오의 무덤을 건드렸으니 저주는 당연한 일인 게지."
"어쨌든 이런 일은 그만 생겼으면 좋겠네. 너무 무서워."

투탕카멘의 무덤 발굴에 참여했던 사람이 또 한 명 죽자 세상이 떠들썩했어. 투탕카멘의 저주가 사실이라며 사람들은 두려워했지. 투탕카멘의 저주가 뭐냐고?

영국의 고고학자 하워드 카터는 1922년 이집트의 왕들의 골

짜기라는 지역에서 투탕카멘의 무덤을 발굴했지. 투탕카멘의 무덤은 다른 파라오들과는 달리 피라미드가 아닌 무덤의 형태였어. 게다가 무덤 안에는 110킬로그램이나 되는 황금관과 황금 마스크를 비롯한 다양한 보물들이 그대로 남아 있었단다. 하지만 무덤 안에는 다음과 같은 무시무시한 경고문도 있었지.

……파라오의 평안을 교란시키는 자를 모두 죽이리라.

하지만 하워드 카터를 비롯한 발굴팀은 이 경고를 무시했단다. 그저 투탕카멘의 무덤을 발굴하는 것에만 집중했지.

그런데 혹시 투탕카멘의 저주가 사실이었던 걸까? 투탕카멘의 무덤 발굴을 지시한 영국 귀족인 조지 카나본의 죽음을 시작으로 1922년부터 1929년까지 7년 동안 투탕카멘 무덤 발굴에 참여한 사람 중에 스무 명이 넘는 사람이 죽은 거야! 사람들은 투탕카멘의 저주가 사실이라며 두려워했어. 파라오께서 영원한 휴식을 취하는 곳인 무덤을 건드렸으니 죽음으로 그 죗값을 치른 거라 생각한 거지.

하지만 조금만 들여다보면 '저주'라고 하기엔, 뭔가가 약간 부족하다는 걸 알 수 있어. 투탕카멘의 무덤 발굴에는 약 1500여 명에 가까운 사람들이 참여했단다. 그런데 그중에 20여 명만이 죽었어. 게다가 하워드 카터는 무덤 발굴 후 20여 년 가까이 살다가 림프종이라는 병으로 죽었단다. 그리고 카터와 함께 무덤에 들어갔던 카터의 딸들도 약 60여 년 후에 생을 마감했으니 저주라고 하기엔 그 힘이 너무 약한 것 같지 않아?

그래서 사람들은 투탕카멘의 무덤 발굴에 참여했다가 죽은 사람들의 죽음에 대해 조사했어. 그 결과, 그들의 죽음은 무덤 안에서 자라고 있던 곰팡이가 사람의 폐에 들어갔기 때문이라는 걸 밝혀냈단다. 파라오를 무덤 안에 모실 때, 과일이나 옷가지, 장신구 등을 함께 보관했는데 그것들이 부패하면서 곰팡이가 생겼고, 그 곰팡이 때문에 사람들이 죽었다는 거지.

그저 더럽게만 보이는 곰팡이 때문에 사람이 죽을 수도 있다니, 곰팡이가 평소와는 다르게 보이지 않아? 우리는 아직도 곰팡이에 대해 아는 것보다 모르는 게 더 많단다. 그럼 신기하고 놀라운 곰팡이의 세계로 들어가 볼까?

어마어마하게 많은 곰팡이들의 각기 다른 모습들

식탁에 꺼내 둔 귤이나 식빵에, 냉장고 고무 패킹에, 또는 화장실의 타일 사이에, 장마철 벽지에 거뭇거뭇하게 핀 곰팡이들! 한 번쯤은 본 적 있지? 곰팡이들은 생각보다 우리 주변 곳곳에 다양한 모습으로 살고 있어. 뿐만 아니라 곰팡이는 우리 몸에도 살고 있단다. 비듬이나 무좀이 바로 곰팡이가 우리 몸에 살면서 일으키는 질병이야. 놀랍지 않아? 만지기만 해도 내 몸이 오염될 것 같은데, 그런 곰팡이가 내 몸에 살고 있다니 말이야.

하지만 이런 편견이 곰팡이 입장에서는 엄청난 상처야. 알고 보면 곰팡이는 약으로도 쓰이고, 음식을 만드는 데도 쓰이는 등 우리 생활 곳곳에 유용하게 사용되고 있거든. 착한 곰팡이라고나 할까? 물론 투탕카멘의 저주의 원인으로 유력한 곰팡이처럼, 사람을 죽일 정도로 무서운 곰팡이도 있지만.

어떻게 곰팡이가 사람에게 피해를 주기도 하면서 도움을 주기도 하는 극과 극인 이중적 성격을 갖고 있는 걸까? 그건 바로 곰팡이의 종류가 어마어마하게 많기 때문이지. 동물도 여러 종류의 동물이 있어서 다양한 성격을 띠잖아. 곰팡이 역시 마찬가지란다. 수만 가지 종류의 곰팡이가 각자 다 다른 성격을 갖고 있기 때문에 우리에게 도움을 주기도 하고 피해를 주기도 하는 거지.

우리가 살고 있는 지구에는 사람, 고릴라, 돼지 등 약 4000여 종의 포유류가 살고 있어. 4000종이라니, 엄청 많은 것 같지? 하지만 곰팡이 종류에 비하면 새 발의 피! 곰팡이는 무려 포유류의 10배 정도인 약 4만 종이나 되거든. 그것도 적게 잡았을 때 4만 종이니 아직 인간이 발견하지 못한 어딘가에 꼭꼭 숨어 있

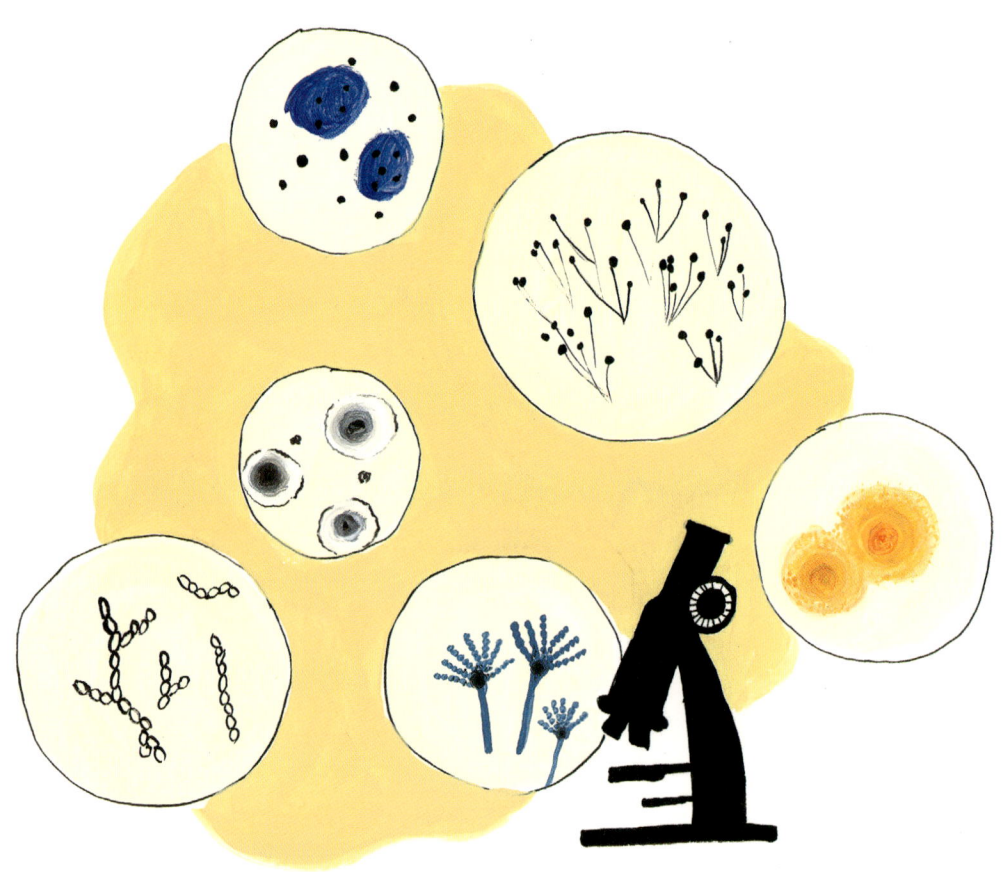

현미경으로 들여다본 다양한 곰팡이의 모습

는 곰팡이까지 계산한다면 그 숫자는 어마어마하게 늘어나지. 무려 4만 종이 넘는 다양한 곰팡이들이 우리 주변 곳곳에서 우리 몰래 삶의 터전을 잡고 살아가고 있단다.

　곰팡이는 우리가 보기엔 그냥 얼룩이나 솜털처럼 보이지만, 어마어마한 곰팡이의 종류만큼이나 곰팡이의 모양도 제각각이란다.

왼쪽 그림들은 다양한 곰팡이들을 현미경으로 확대한 사진들이야. 눈으로 보기에는 징그럽고 더럽게만 보이지만 현미경으로 본 곰팡이는 모양도 다양하고 색깔도 예쁘지 않니? 사람을 겉모습만 보고 판단하면 위험한 것처럼, 곰팡이도 겉모습만 보고 더럽다고, 쓸모없다고 판단하면 안 돼. 곰팡이가 없으면 무시무시한 일이 벌어질지도 모르거든!

식물에게 양분을 제공해 주는 분해자, 곰팡이

사람도 겉모습만으로는 그 사람이 어떤 사람인지 알 수 없잖아. 곰팡이도 마찬가지야. 겉으로 보기엔 그냥 더럽기만 하고 하나도 쓸모없을 것 같지만, 곰팡이가 없다면 식물들은 굶어 죽거나 영양실조에 걸릴 수도 있어. 곰팡이가 식물이 양분을 잘 흡수할 수 있도록 도와주는 아주 중요한 역할을 하거든. 이게 무슨 말이냐고?

식물이 잘 자라기 위해서는 물도 필요하고, 햇빛도 필요하고, 적당한 온도도 중요해. 그리고 빠질 수 없는 것이 바로 질소나 인, 칼륨 같은 물질이야. 질소나 인, 칼륨 등이 없으면 식물은 양분을 얻지 못해서 제대로 자랄 수 없단다. 하지만 질소, 인,

칼륨은 여러 가지 다양한 물질 속에 포함되어 있지. 그래서 이 물질을 얻기 위해서는 분해하는 작업이 필요하단다. 이렇게 분해하는 작업을 바로 곰팡이가 한다는 얘기!

앞에서 소개한 대로 곰팡이를 포함한 균류는 스스로 양분을 만들지 못하기 때문에 다른 생물에 붙어서 양분을 얻는다고 한 거 기억하지? 균류의 일종인 버섯은 주로 나무나 흙 등에 붙어서 양분을 얻고, 곰팡이는 종류에 따라 음식물이나 플라스틱, 나무, 죽은 곤충 등에 붙어살면서 양분을 얻어. 든든하게 양분을 섭취하고 소화를 시키면서 질소, 인, 칼륨 등을 내어놓는데, 이렇게 나온 물질을 식물이 양분으로 삼아 튼튼하게 자라는 거란다. 그러니 곰팡이가 없으면 식물이 양분을 충분히 섭취하지 못해서 제대로 자랄 수가 없게 되는 거지.

식물이 제대로 자라지 못하면 식물을 먹고 사는 동물도 제대로 자랄 수 없는 건 당연한 얘기겠지? 식물과 동물이 충분하지 않으면 사람도 영양을 제대로 섭취할 수 없게 되고. 곰팡이가 분해 작업을 열심히 하지 않으면 결국에는 우리 사람에게도 영향을 끼치게 되는 거란다. 물론 곰팡이가 있으면 위생상 좋지는 않지만, 우리 자연이 원활하게 돌아가기 위해서 곰팡이는 없어서는 안 될 존재니까 너무 밉게만 보지는 말자고.

곰팡이는 어디서 어떻게 오는 걸까?

음, 아무래도 이 식빵은 버려야겠지? 곰팡이가 한가득 피어서 먹을 수가 없잖아. 아깝긴 하지만 어쩔 수 없어. 곰팡이가 핀 음식을 먹으면 건강에 이상이 생기니까 미련 없이 쓰레기통으로 휙 던져 버리렴!

그런데 도대체 곰팡이는 언제 어디서 와서 저렇게 식빵에 자리를 떡하니 잡고 있는 걸까? 고추나 상추 등의 식물은 씨앗을 심으면 자라고, 바퀴벌레나 물고기는 알을, 사람이나 사자 등은 새끼를 낳잖아. 이렇게 보통의 생물은 어떻게 자라는지 우리 눈에 보이는데 곰팡이는 도통 알 수가 없단 말이야. 어디서 오는 건지는 물론이고, 곰팡이가 씨앗이 자라 커지는지, 새끼나 알을 낳는지도 우리는 모르고 있지.

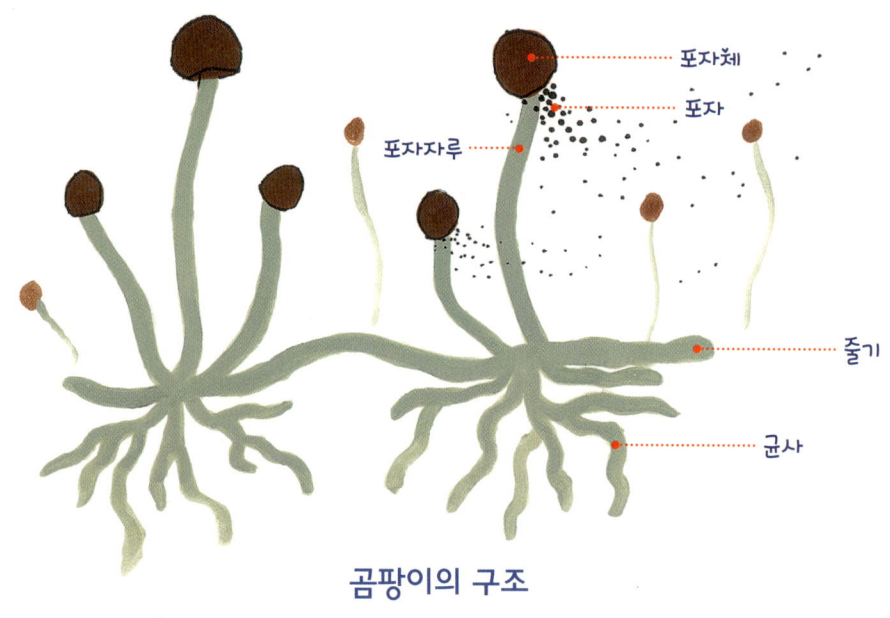

곰팡이의 구조

곰팡이는 버섯처럼 '포자'로 번식해. 포자는 공기 중에 두둥실 떠다닌단다. 그러다가 좋아하는 먹잇감이 있는 곳에 살포시 내려앉아. 그리고 그 먹이를 먹으면서 점점 자라난단다. 그림 속에 균사가 보이지? 이 균사들이 쑥쑥 자라면 드디어 우리 눈에 곰팡이가 보이는 거야. 균사는 곰팡이의 종류마다 약간씩 다른 모양을 하고 있단다.

자, 여기서 놀라운 사실 하나! 포자는 공기 중에 두둥실 떠다닌다고 했는데, 포자는 바람에 의해서만 이동하는 게 아니란다. 곰팡이 자체의 힘으로 포자를 발사하기도 해. 총이 총알을 발사하는 것처럼 말이야. 게다가 곰팡이에서 발사된 포자의 속도가 최고 시속 90킬로미터에 이른다는 거야! 물론 모든 포자가 그렇지는 않지만, 시속 90킬로미터의 속도로 발사되는 포자가 있다니 정말 놀랍지 않니?

집 안 구석구석에 숨은 곰팡이

우리 주변에는 우리가 생각했던 것보다 훨씬 더 많은 곰팡이가 있어. 우리 주변 속에 꼭꼭 숨은 곰팡이들을 볼까?

- **간장** : 누룩곰팡이. 단백질 분해 능력이 뛰어나 된장, 간장, 청주 등을 만드는 데 사용했지. 전통 식품을 만들 때 없어서는 안 될 정도로 많은 분야에서 다양하게 활용되고 있어.
- **냉장고 고무패킹** : 오레오바시디움. 냉장고 고무 패킹 뿐 아니라 욕실 타일의 이음새도 검게 변색시켜. 에틸알코올을 영양분으로 사용하지.
- **에어컨 내부** : 클라도스포리움. 에어컨과 가습기 안에서 쉽게 발육하는 곰팡이로 포자는 천식이나 알레르기 질환을 유발해.
- **귤 등 상한 음식물** : 푸른곰팡이. 음식물을 상하게 하는 대표적인 곰팡이. 유럽에는 푸른곰팡이를 이용한 치즈가 600여 종이나 있다고 해. 대표적인 항생제인 페니실린을 추출한 곳이 바로 이 푸른곰팡이지.

- **비듬 있는 사람** : 피티로스포룸 오발레. 비듬은 다양한 원인에 의해 생길 수 있지만, 그중 한 가지 원인으로는 피티로스포룸 오발레를 들 수 있어. 원래는 정상적인 균이지만, 이 균이 과다증식하면 비듬의 원인이 될 수 있지.
- **발 무좀 있는 사람** : 피부사상균. 발 피부에 피부사상균이 감염을 일으켜 발생하는 대표적인 곰팡이 질환이 무좀이야. 무좀은 전염성이 강해서 가족 중에 누군가가 무좀에 걸렸다면 수건 등을 따로 써서 옮지 않도록 각별히 주의해야 해.

- **애완견** : 말라세지아. 말라세지아 피부염은 강아지에게 흔한 곰팡이성 피부병이야. 말라세지아는 귀 밑에 약간 있는데 평소에는 문제를 일으키지 않다가 피부 면역력이 떨어지거나 피부에 이상이 생겼을 때 증식해서 문제를 일으키지.

페니실린의 원료, 푸른곰팡이

영국의 세균학자인 알렉산더 플레밍은 세균을 없앨 방법을 연구하고 있었어. 접시 위에서 세균을 키우고 거기에 여러 가지 물질을 넣어 보면서 어떤 것이 세균을 효과적으로 제거하는지 찾고 있었지. 그런데 가끔은 세균 접시 위에 공기 중의 다른 세균이나 곰팡이들이 들어와서 같이 자라곤 했어. 그러면 접시를 다시 깨끗하게 씻어서 처음부터 다시 실험을 해야 했단다.

어느 날 플레밍은 세균 접시에서 이상한 것을 발견했어. 그 접시에는 푸른색 곰팡이가 자라고 있었는데 곰팡이 주변에는 세균이 없는 거야. 이상하게 생각한 플레밍은 그 곰팡이를 연구했고 곰팡이가 만드는 물질이 세균을 죽인다는 것을 알아냈지. 이 곰팡이의 이름은 페니실리움 노타툼이고 여기서 추출한 물질의 이름이

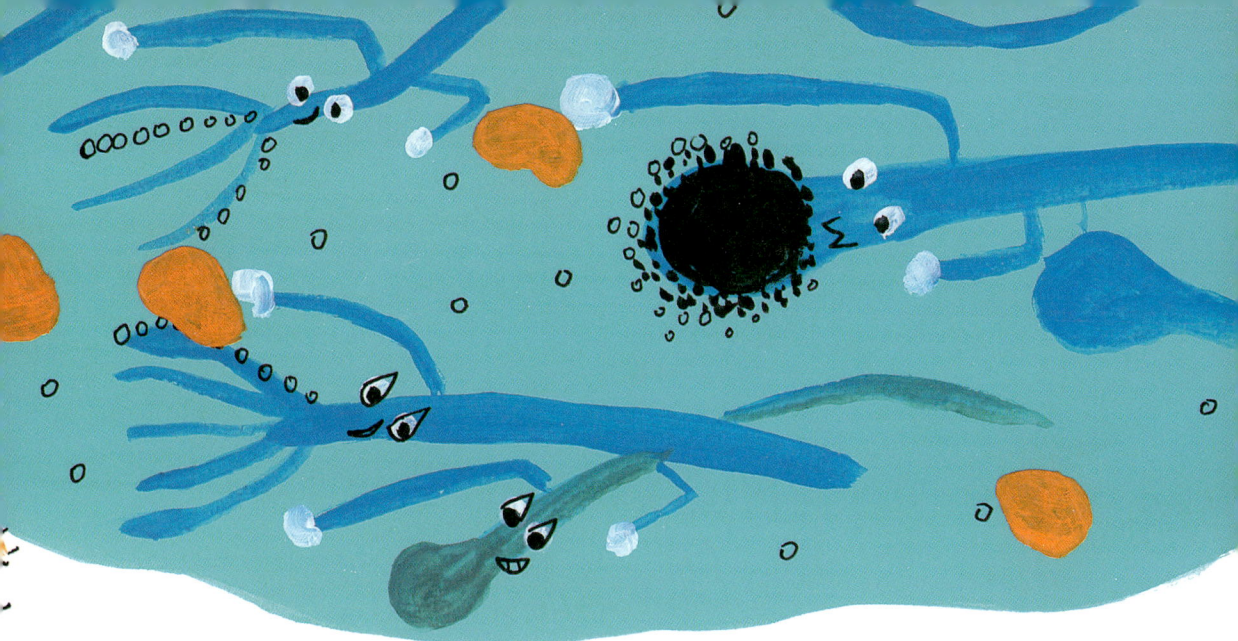

바로 페니실린이야. 페니실린은 세균의 세포벽을 약화시켜 세포액이 밖으로 흘러나와 죽게 하는 물질이야. 이런 성질 때문에 세균의 생장을 억제하지.

플레밍은 푸른곰팡이에서 페니실린을 발견하고 이것을 사용할 수 있다는 것을 알았지만 페니실린만을 추출하여 약으로 만드는 것은 쉽지 않아. 학자들이 연구를 거듭하던 중 1939년 에른스트 체인과 하워드 플로리가 페니실린을 추출하여 가루약으로 만드는 데 성공했지. 플레밍이 페니실린을 발견한 것이 1928년의 일이니까 11년이나 걸린 거야. 최초의 항생제인 페니실린은 뇌막염이나 폐렴 등의 질병 치료에 효과가 있었어. 수많은 사람들이 페니실린 덕분에 목숨을 건졌지. 세 사람은 페니실린을 발견하고 약으로 만든 공로로 1945년 노벨 생리·의학상을 받았어.

곰팡이를 이용해 만든 맛있는 음식

곰팡이를 이용해 음식을 만들어 먹는다고 하면 거짓말이라고 하겠지? 하지만 곰팡이를 이용한 음식은 생각보다 많이 있고, 맛도 있어. 곰팡이를 이용한 음식에는 어떤 게 있을까?

• 메주

된장찌개는 곰팡이를 이용한 대표적인 우리 먹거리야. 된장은 메주로 만들어. 메주는 메주콩이라는 콩으로 만들지.

메주콩을 물에 불려서 푹 삶은 다음, 으깨서 토닥토닥 메주 모양을 만들어. 이 덩어리를 볏짚 위에 올려서 말린 다음, 다시 짚과 함께 따뜻한 곳에 두고 발효를 시켜. 이 메주로 된장이나 간장을 만드는 거란다.

그런데 메주를 만들 때 곰팡이가 어디에 있었던 걸까? 비밀은 바로 볏짚! 볏짚에는 곰팡이가 살고 있거든. 볏짚에 사는 곰팡이가 메주로 옮아가고, 볏짚에서 메주로 옮겨온 곰팡이가 여러 가지 효소*를 만들어 콩을 분해해서 양분으로 사용해. 이걸 발효라고 하는데 이 과정을 통해 콩의 성분이 바뀌면서 삶은 콩이 진짜 메주가 되는 거지.

콩을 메주로 만들어 주는 곰팡이는

효소
반응이 일어나는 속도를 빠르게 해 주는 단백질.

메주 곰팡이라고 부르는 데, 이 메주 곰팡이는 종류가 다양하단다. 집집마다, 지역마다 장맛이 다르다는 말이 있는데, 이건 곰팡이의 종류에 따라 맛도 달라지기 때문이란다.

🌱 술을 만드는 누룩곰팡이

차례 지낼 때 제사상에 올리는 술이 뭔지 아니? 바로 청주란다. 청주를 비롯해 우리나라의 탁주와 일본의 청주 사케는 모두 쌀로 만들어.

술을 만들 때는 제일 처음 쌀을 쪄서 거기에 곰팡이를 뿌리고 발효시키지. 이렇게 만들어진 것을 누룩이라고 불러.

술을 만드는 데 왜 곰팡이가 필요한 걸까? 술을 만들기 위해 꼭 필요한 것은 바로 '효모'라는 미생물이야. 곰팡이처럼 균류에 속하는데, 효모는 자신의 먹이인 당분을 분해해서 알코올과 이산화탄소를 만들어 내지. 이 알코올이 바로 술을 만들게 하는 거란다.

술을 만드는 주인공인 효모는 단당류*만 분해할 수 있어. 그런데 술의 재료인 쌀과 같은 곡물은 다당류*로 되어 있지. 그러니 술을 만들기 위해서는 다당류인 곡물을 단당류로 만들어 주는 역할을 하는 생물이 필요하겠지? 여기에 바로 곰팡이가 사용되는 거야. 곡물 속

단당류와 다당류

단당류는 탄수화물의 가장 작은 단위야. 당분이 하나만 있는 것을 단당류라고 하는데, '홑, 하나 단(單)' 자를 써서 단당류라고 이름 붙여졌단다. 우리가 자주 듣는 '포도당'이 바로 단당류의 일종이야. 그렇다면 다당류는 뭘까? '많을 다(多)' 자를 써서 당류가 두 개 이상 결합된 것을 말해. 마트에서 파는 설탕은 과당이라는 것과 포도당이 결합한 다당류란다.

의 녹말을 누룩곰팡이가 단당으로 만드는 거지. 이렇게 만든 누룩에 다시 효모를 넣고 발효시키면 술이 만들어지는 거야.

만들어진 술을 잘 걸러서 맑은 것만 마시면 청주가 되고, 대충 걸러서 마시면 막걸리 같은 탁주가 되는 거야.

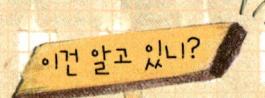

메주와 청국장의 차이

메주도 청국장도 콩을 삶아서 만든단다. 청국장과 메주는 우리가 보기엔 비슷하게 생겼지만 메주와 청국장을 만드는 원리는 조금 달라.

메주를 만들 때 따뜻한 곳에서 발효를 시킨다고 했지? 보통 25~30도 정도의 방에서 발효를 시켜. 그런데 발효를 하다 보면 메주 자체에서 열이 나기 시작해. 이때 메주의 온도가 40도를 넘어가 버리면 바실러스균이라는 세균이 자라게 되는데 그러면 메주가 청국장이 되어 버린단다. 짚에는 곰팡이뿐만 아니라 바실러스균도 살고 있거든.

그런데 곰팡이와 바실러스균이 잘 자라는 온도가 서로 다르기 때문에 온도에 따라서 메주가 되기도 하고 청국장이 되기도 해. 메주곰팡이는 30도 정도의 온도를 좋아하고 바실러스균은 40~45도 정도의 온도를 좋아하거든.

우리나라의 청국장과 비슷한 음식으로는 일본의 낫토가 있어. 낫토를 휘저어 보면 끈끈한 실 같은 것들이 보이는데 이것이 바실러스균이 자라면서 만드는 것이란다. 청국장은 발효한 것을 다시 소금이나 고춧가루 같은 양념을 넣고 숙성을 시킨 다음에 열에 익혀 먹는다면, 낫토는 발효시킨 것을 생으로 먹는데 덕분에 바실러스균들이 살아서 우리 몸에 들어간다는 장점이 있지. 그래서 요즘은 청국장도 생으로 먹을 수 있게 가루나 알약처럼 만드는 방법을 개발하고 있어.

청국장이나 낫토가 몸에 좋다는 이야기를 많이 하는데 그건 이 바실러스균 때문이야. 바실러스균은 우리 몸속에 들어가면 장 속의 좋은 세균인 젖산균이 활발하게 활동하도록 해 주고 나쁜 세균들의 활동은 억제해 주기 때문에 소화가 잘 되게 해 주거든. 또 발효를 하면서 콩의 단백질을 소화하기 쉬운 아미노산으로 작게 분해하기 때문에 그냥 콩을 먹는 것보다 영양소 섭취가 잘 되지.

청국장   낫토

3 우리가 몰랐던 **숨은 능력자, 효모**

🥯 우리가 몰랐던 능력자, 효모

1. 유럽 여러 나라들 간의 전쟁으로 여기저기 전쟁의 상처가 가득했던 제1차 세계 대전. 당시 전쟁에 참여했던 독일은 식량이 부족해 곤란을 겪고 있었어. 이때 독일은 이것을 음료로 만들어 식량 문제를 해결했지.

2. 미국의 유명한 영양학자 아델 데이비스는 이것의 영양 성분을 아주 높게 평가하며 우유와 꿀 다음으로 영양 문제를 해결할 완벽한 식품이라고 극찬했어.

3. 이것은 피로회복에 도움이 되는 비타민 B군을 많이 함유하고 있으며, 질 좋은 단백질 및 무기질을 함유하고 있어 건강식품으로서도 좋은 효능을 발휘해.

이것은 무엇일까? 바로 '효모'라는 미생물이야. 그중에서도 우리가 먹을 수 있는 식용 효모에 관한 내용이지.

너희들은 효모에 대해 얼마나 알고 있니? 포도주나 빵을 만들 때 사용하는 것? 효모가 들으면 아주 섭섭해할 정도로 우리는 효모에 대해 잘 모르고 있어.

물론 효모는 포도주나 빵을 만들 때 꼭 필요한 미생물이야. 효모가 열심히 움직여서 발효를 시켜야 포도주와 빵이 만들어지니까. 하지만 이것은 효모의 대표적인 역할 중에 하나일 뿐이야.

효모는 식량으로도 활용될 정도로 영양 성분이 높을 뿐만 아니라, 우리 몸을 튼튼하게 한단다. 소화 기능을 향상시켜 주고, 면역력도 강하게 해 줘. 효모 속의 단백질과 비타민 B군, 판토텐산 등의 성분은 우리의 두뇌 기능도 더 높여 주지. 이러한 효모의 영양성분과 효능으로 요즘엔 효모 영양제도 많이 판매되고 있단다. 알고 있던 것보다 훨씬 더 효모의 능력이 대단하지?

효모의 생태와 번식

혹시 효모라는 이름은 낯설게 느껴지니? 그렇다면 이스트는 어때? 빵을 만들 때 빵을 부풀게 하는 이스트 말이야. 이 이스트가 바로 효모란다.

이스트(yeast)라는 영어 이름은 고대 영어인 gyst에서 유래된 말이야. gyst는 '끓는다'는 뜻이지. 이스트, 즉 효모가 발효*할 때는 이산화탄소가 많이 생기는데, 이 모습이 마치 액체가 부글부글 끓는 것 같은 것 같아서 이스트라는 이름이 붙은 거란다. 이름 속에 자신의 특징이 담겨 있는 셈이지.

우리는 효모를 단지 빵을 만들 때 사용하는 것으로 생각하지만, 효모는 포도주를 만드는 데도 꼭 필요한 미생물이야. 아까 효모가 발효할 때 이산화탄소가 생긴다고 했지? 효모가 발효할 때는 이산화탄소뿐만이 아니라 에탄올도 함께 만들어 내는데, 이 에탄올이 바로 술을 만드는 거거든. 이산화탄소는 빵을 부풀게 하는 데, 에탄올은 술을 만드는 데 사용하니 효모는 정말 유익한 미생물이지.

그렇다면 효모는 어떻게 자식을 만들고 번식하는 걸까? 버섯과 곰팡이는 포자로 번식을 하지만, 균류라는 같은 가족이면서

발효

효모나 버섯, 곰팡이는 모두 생물이기 때문에 호흡을 해야 해. 우리가 코로 호흡을 하고, 식물은 잎으로, 물고기는 아가미로 호흡하는 것처럼 말이야. 사람은 산소가 있어야만 호흡을 할 수 있지만, 효모 등의 생물들은 산소가 없어도 호흡을 할 수 있는데 이것을 무기호흡이라고 해. 산소가 없으니 산소 대신에 자신의 효소를 이용해 호흡하는 거지.

발효나 부패도 무기호흡이야. 생물들이 무기호흡을 하면서 나오는 물질이 우리가 사용할 수 있거나 이로운 물질이면 발효라고 해. 하지만 지독한 냄새가 나거나 우리한테 해로운 물질이 만들어지면 부패라고 한단다. 발효와 부패 모두 과정은 같지만, 이로운지 해로운지에 따라 발효와 부패로 구분되는 거지.

도 효모는 버섯이나 곰팡이와는 다른 방법으로 번식을 한단다. '출아'라는 방법으로 번식을 하지. 출아(出芽)의 한자를 살펴보면 '날 출(出)'에 '싹 아(芽)'야. '싹이 나온다'는 의미야. 식물이 아닌데 어떻게 싹이 나오느냐고? 자, 아래 그림을 한번 보자고.

위에 톡 튀어나온 게 보이지? 혹처럼 보이기도 하고, 싹처럼 보이기도 하는 거 말이야. 효모가 어느 정도 자라면, 위의 그림처럼 작은 혹이 쏙 솟아난단다. 이 혹이 바로 자식 효모가 되는 거야. 원래의 효모는 엄마 효모가 되는 거고. 사람의 몸에 혹이 나면 몸에 무슨 이상이 생긴 건 아닌지 걱정하겠지만, 효모에게 이처럼 혹이 생겼다면 축하해 줄 일이야. 자식을 만들게 되었다는 신호니까 말이야.

엄마 효모에서 톡 튀어나온 자식 효모가 점점 자라면 핵(생물의 유전자 정보를 갖고 있는 세포)이 두 개로 나뉜단다. 효모는 원래 핵이 하나밖에 없는데, 자식을 만들어 내기 위해 두 개로 나누는 거지. 그리고 이렇게 갈라진 핵 중에 하나는 혹처럼 자라난 자식 효모에게로 들어가. 그래야 핵 속에 있던 유전 정보가 자식 효모에게도 그대로 전해지거든.

위에 작게 솟은 부분이 새로 출아한 효모이다.

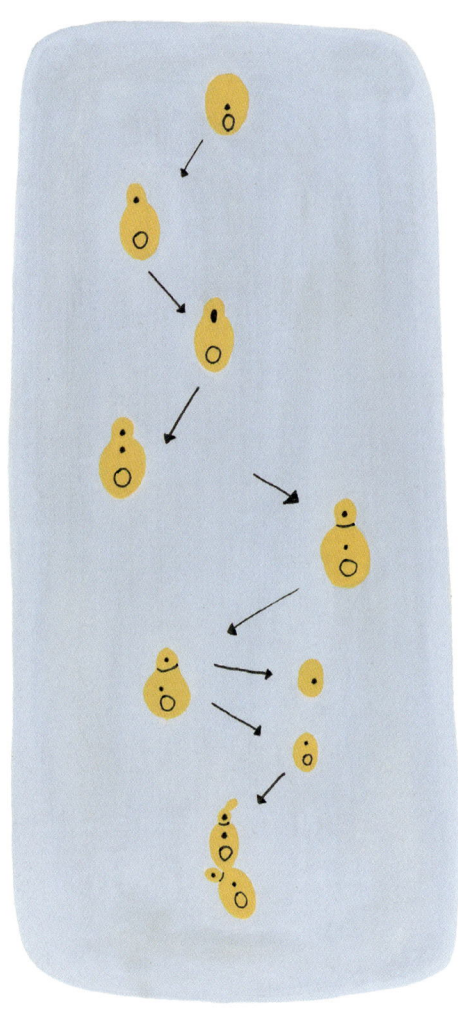

효모의 번식 과정

이렇게 자식 효모에 핵이 들어가면 엄마 효모와 자식 효모 사이에 점점 벽이 생겨. 엄마 효모와 자식 효모가 분리될 준비가 시작되는 거야. 이 벽이 다 만들어지면 엄마 효모와 자식 효모가 분리되고, 이렇게 해서 마침내 효모의 번식이 끝나는 거란다.

출아가 끝나면 엄마 효모는 물론이고 자식 효모 모두에게도 흔적이 남아. 그림 속 효모에 동그란 모양이 보이지? 이게 바로 출아한 흔적이란다. 효모는 보통 한 번 출아한 곳에서는 다시 출아하지 않아. 그래서 오래된 효모일수록 출아의 흔적이 많단다.

🍩 과일주에서 처음 발견된 효모

 같은 균류인 곰팡이와 버섯이 눈에 보이는 것에 비해 효모는 눈으로는 볼 수 없어. 크기가 아주 작거든. 효모의 크기는 보통 3~4마이크로미터 정도야. 3~4마이크로미터는 어느 정도 크기일까?

 우리가 실제로 확인할 수 있는 가장 작은 단위인 밀리미터로 확인해 보자. 1밀리미터는 1000마이크로미터야. 그러니 3~4마이크로미터는 약 0.004밀리미터가 되지. 어때? 얼마나 작은지 상상할 수도 없지? 그렇다면 이렇게 작은 효모는 어떻게 발견된 걸까? 우리 눈으로는 볼 수 없는 작은 미생물을 크게 확대해서 관찰할 때 사용하는 것, 바로 현미경 덕분이었단다. 현미경을 통해 효모를 발견한 거지.

 사람들이 효모라는 것을 맨 처음 알게 된 건 바로 과일주에서였어. 과일이 발효되면 저절로 술이 되는 것을 보고 사람들은 효모라는 존재를 알게 된 거지. 하지만 효모는 생물이 아닌 물질이고, 그저 발효가 일어나는 속도를 빠르게 하는 촉매제의 역할만 한다고 생각했어. 그러다가 현미경과 생물학자 루이 파스퇴르의 등장으로 효모는 발효를 일으키는 미생물이라는 사실이 밝혀졌단다.

 효모는 단당류를 분해해서 에너지로 사용해. 효모가 단당류를 분해하면서 에탄올과 이산화탄소를 만드는데, 에탄올을 사용하면 술이 되고, 이산화탄소를 사용하면 빵이 되는 거야.

🥯 빵을 만드는 주인공, 효모

 학교가 끝나고 학원으로 터덜터덜 걸어가던 태진이는 빵집 앞에 또 우두커니 서고 말았어. 너무나 맛있는 빵 냄새가 태진이 발목을 꽉 붙잡고 놓아 주질 않으니 도저히 그냥 지나칠 수가 없었던 거지. 단팥빵, 소시지 빵, 바게트, 식빵……. 창문 너머 보는 것만으로도 침이 입술 사이로 줄줄 흐를 것만 같아.
 "음~ 어쩜 빵은 냄새도 이렇게 맛……. 헉!"
 이런, 빵 냄새에 홀려 걸어가다 보니 빵집 유리창에 얼굴을 꽝 박고 말았지 뭐야! 태진이는 얼얼해진 코끝을 손가락으로 살살 문지르면서 입맛을 다셨어. 나중에 어른이 되면 꼭

빵 만드는 사람이 될 거야. 그럼 맛있는 빵을 매일 먹을 수 있을 테니까 말이야!

　많은 사람들에게 인기 있는 빵! 사람들은 언제부터 빵을 먹기 시작한 걸까? 최초의 빵은 석기 시대에 만들어진 것으로 사람들은 추측하고 있단다. 석기 시대는 농사가 시작된 시기로, 농사를 통해 밀가루 등의 곡식을 얻어 이를 재료로 삼아 빵을 만들어 먹었을 거라는 거지. 하지만 이때의 빵은 지금과는 달라. 지금 우리가 먹는 빵은 부드럽지만 당시의 빵은 납작하고 딱딱했단다. 왜냐고? 바로 효모를 몰랐기 때문이지!

효모는 밀가루, 소금, 물과 함께 빵을 만드는 기본 재료 가운데 하나야. 밀가루와 소금, 물은 왜 필요한지 알겠는데 효모는 왜 필요한지 모르겠다고? 음, 효모의 역할을 무시하면 곤란해. 효모가 있어야 빵 반죽이 부드럽게 부풀어 오르거든. 이 과정을 통해 빵이 맛도 더 좋아지고 부드러워지는 거지. 효모가 없으면 신석기 시대 사람들처럼 우리도 납작하고 딱딱한 빵을 먹고 있을걸!

우리는 밥이나 빵 등의 음식을 먹고 똥을 누잖아. 그런데 효모는 당류를 먹고 이산화탄소와 에탄올을 내놓는단다. 반죽 속에 들어 있던 효모가 내놓은 에탄올은 반죽을 익힐 때 밖으로 빠져나가지만 이산화탄소는 빠져나가지 못하고 빵을 부풀게 한단다. 이산화탄소가 적당히 부풀린 밀가루 반죽에 팥이나 크림 등을 넣어 맛있게 만들면 비로소 우리가 먹는 빵이 완성되는 거야. 잠깐, 효모의 역할이 여기서 끝이라고 생각하면 효모가 섭섭하지!

빵은 맛으로도 우리를 유혹하지만, 냄새로도 유혹해. 갓 구운 빵 냄새를 맡으면 빵을 사지 않고는 배길 수 없을 정도로 말이야. 그런데 이 맛있는 빵 냄새를 효모가 만드는 거란다. 효모가 내놓는 에탄올의 수증기 냄새가 빵 냄새의 일부분을 차지하고 있거든. 맛으로 보나 냄새로 보나, 효모는 정말 빵에서는 없어서는 안 되는 소중한 존재지?

효모가 없으면 포도주도 없다

"지금부터 칠일 후, 40일 동안 땅에 비를 내려
내가 지은 모든 생물을 지면에서 쓸어 버리리라!"

어느 날 하나님은 죄와 악으로 가득 찬 세상을 보시곤 매우 분노하셨어. 그래서 노아에게 홍수를 내릴 것이니 큰 배를 만들어 가족과 동물들을 안전하게 지키라 하셨지. 노아는 하나님의 말씀을 받들어 큰 배를 만들고 그 안에 가족과 동물들을 태웠어. 그러자 하나님은 말씀하신 것처럼 세상에 큰 비를 내리셨지.

40일간의 대홍수가 끝나자 노아와 가족들, 그리고 동물들은 배 밖으로 나왔단다. 밖으로 나온 노아는 포도나무를 심어 농사를 짓기 시작했지. 그리고 그 포도를 이용해서 포도주를 만들어 마셨단다. 그러곤 취해서 잠이 들었지.

이 이야기는 성경책에 나와. 갑자기 왜 이 이야기를 꺼냈냐고? 이야기 속 주인공인 노아는 바로 최초로 포도주를 만든 사람으로 알려져 있단다. 모든 생물이 비에 휩쓸려 간 상황에서 노아는 어떻게 포도주를 만들었던 걸까?

다양한 재료와 기술이 필요한 빵에 비하면 포도주는 비교적 만들기가 쉽단다. 포도 하나만으로도 포도주를 만들 수가 있으

니까 말이야. 포도주를 만들 때는 보통 껍질째 포도를 으깨서 통에 담아 발효를 시킨단다. 껍질에 효모가 많이 살고 있거든. 포도의 겉 표면에 하얗게 묻어 있는 가루가 바로 효모야. 농약으로 잘못 알고 있는 사람이 많은데 효모이기 때문에 빡빡 씻어 먹을 필요는 없어.

이렇게 포도 껍질의 효모가 열심히 발효를 끝내면, 발효된 것을 다시 숙성시킨단다. 이 과정을 여러 번 거치게 되면 우리가 먹는 포도주가 완성되는 거야.

한 가지, 포도주를 만들 때 주의할 점! 온도가 30도가 넘지 않도록 할 것! 30도가 넘으면 아세트산균이라는 세균이 번식하는데, 이 세균은 알코올을 식초로 바꾸거든. 메주를 잘못 띄우면 청국장을 만드는 균이 자라는 것과 마찬가지지.

효모의 새로운 이용

눈에 보이지도 않는 작은 생물, 효모. 효모는 크기는 작지만, 우리 생활 속에서는 엄청난 활약을 하고 있단다. 빵이나 술을 만드는 것은 물론 요즘은 효모를 비타민처럼 먹기도 해. 효모의 영양 성분이 워낙 뛰어나다 보니 건강식품으로도 높은 인기를 누리고 있지. 뿐만이 아니라 최근에는 빵 효모가 암 세포를 죽인다는 놀라운 연구 결과가 발표되기도 했단다.

미국의 찰스 드루 의과대학 고네움 박사는 암세포가 빵 효모를 잡아먹는 과정을 관찰하기 위해 실험을 했어. 하지만 이게 웬일! 놀랍게도 암세포가 빵 효모를 잡아먹는 게 아니라 암세포 스스로 죽었다지 뭐야. 뿐만 아니라 쥐의 종양에 빵 효모를 넣었더니 종양의 크기가 작아졌고, 폐까지 옮아간 암세포도 줄어들었다고 해. 이런 빵 효모의 효능을 살려 항암제를 새로 개발 중에 있다고 하니 암 환자들에게는 그야말로 희소식이지.

효모의 활약, 이게 끝일까? 아니, 이 정도로 끝이라면 섭섭하지.

음식과 건강식품, 항암 치료제를 넘어 효모는 천연 에너지까지로 자신의 활동 영역을 넓히고 있단다. 석유, 석탄 등 지금 우리가 쓰고 있는 에너지의 대부분은 화석 에너지*야. 화석 에너지는 사용할 수 있는 양이 한정되어 있을뿐더러 심각한 환경오염을 유발시킨단다.

> **화석 에너지**
>
> 땅속에 동식물의 사체가 오랫동안 묻혀 돌처럼 단단해진 것을 화석이라고 해. 이 화석이 연료로 쓰이면 화석 에너지가 되는 거지.

쉬지 않고 돌아가는 공장과 도로를 꽉 메운 자동차들이 내뿜는 배기가스 때문에 더러워진 공기와 하늘! 이것들이 화석 에너지로 인한 대표적인 환경오염이야.

이러한 문제점을 해결하기 위해 등장한 것이 바로 대체 에너지야. 태양열이나 풍력, 지열, 해양 에너지처럼 말이야. 여기엔 식물이나 미생물 등을 에너지로 사용하는 바이오매스 에너지도 포함돼. 바이오매스 에너지, 말은 어렵지만 인간은 오래전부터 바이오매스 에너지를 사용했단다. 나무를 태운다거나, 소똥 혹은 음식물 쓰레기를 연료로 사용하는 것 등이 모두 바이오매스 에너지거든.

최근 들어 가장 주목받는 바이오매스 에너지는 바로 에탄올을 사용한 에너지란다. 에너지로 사용하는 에탄올은 주로 사탕수수나 옥수수를 효모를 사용해 대량으로 발효시켜서 만든단다. 효모의 발효 과정을 통해 에탄올이라는 에너지를 얻는 거지. 이 에탄올은 자동차나 가정에서 연료로 사용할 수 있단다.

에탄올의 장점은 무엇보다도 연료로 사용하면서 태울 때, 환경오염을 일으키는 물질이 화석 연료보다 덜 나온다는 거야. 에탄올은 태우면 이산화탄소와 물만 나오지만, 화석 연료는 다양한 물질이 나온단다. 이 물질이 바로 우리의 환경을 오염시키는 거지. 게다가 화석 연료는 쓰면 쓸수록 그 양이 줄지만 바이오매스 에너지는 계속 만들 수 있기 때문에 에너지가 떨어질 염려도 없지.

장점만 있는 것 같은 바이오매스 에너지도 단점이 있단다. 특히 효모의 역할이 필요한 에탄올 같은 경우, 사용하는 작물인 사탕수수나 옥수수는 사람들이 식량으로 활용하는 작물이야. 그런데 이 식량 자원을 발효시켜 에너지로 사용하는 것이 문제란다.

에너지로 사용하기 위해서는 에탄올이 굉장히 많이 필요해. 그만큼 많은 양의 식량 자원이 사용되고, 식량 자원의 가격이 올라가는 문제가 생겨. 또 에너지의 생산 효율이 높은 편이 아니기 때문에 차라리 그 식량 자원을 먹을 게 부족한 나라에 기부를 하거나 식량으로 사용하는 게 훨씬 더 큰 이익이 될 거라는 이야기도 한단다.

원생생물

주인공 소개

이름 : 원생생물

가족 : 미역, 다시마, 해캄, 아메바 등 유전자 정보인 DNA가 들어 있는 핵을 가진 모든 단세포 생물들.

사는 곳 : 바다, 동물의 몸 등 다양함.

특징 : 종류가 워낙 많아 하나의 특징을 정하는 게 더 어려운 생물. 식물인 것도 같고, 동물인 것도 같은 애매한 생물들이 다수 있음.

수상 경력 : 프랑스 병리학자 라브랑이 말라리아 병원체를 발견하여 1907년에 노벨 생리·의학상 수상.

1 우린 식물이 아니야! **조류**

🌱 미역이랑 다시마가 식물인 줄 알았지?

 2011년 3월, 일본 동북부 지역의 땅이 화를 풀기라도 하듯이 마구 흔들렸어. 대지진이 일어난 거지. 이때의 지진은 강도가 무려 9.0에 이를 정도로 강력했어. 이 지진으로 천 명이 넘는 사람들이 죽었고, 실종된 사람들도 약 2만 명이 넘는 것으로 추정됐지. 대지진 자체로도 엄청난 피해를 입었지만, 이것보다 더 심각한 문제는 대지진으로 원자력발전소가 폭발해 방사능이 누출된 것이었어.
 대지진 이후 일본 원자력 발전소의 사고로 일본 사람들은 엄청난 두려움에 떨었어. 뿐만 아니라 공기 중에 있는 방사능 물질이 바람을 타고 우리나라로 날아올까 봐 우리나라 사람들의 걱정도 이만저만이 아니었지. 그때 미역과 다시마, 김 같은 식품들이 엄청난 인기를 끌었단다. 이 식품들과 방사능이 어떤 관계이기에 그런 걸까?

미역과 다시마, 김, 파래 같은 해조류에는 요오드가 많이 함유되어 있는데 이 요오드가 방사능 물질이 몸에 쌓이는 것을 막아 주거든. 그래서 우리나라가 방사능 공포에 휩싸였을 때 이 식품들이 불티나게 팔렸던 거야.

그런데 너희들, 다시마나 미역, 김이나 파래가 어떤 생물인지 알고 있니? 미역, 다시마, 파래 모두 초록색을 띠고 스스로 움직일 수 없으니 아마도 식물이라고 생각하겠지? 하지만 안타깝게도 틀렸어! 이들은 식물이 아니고 원생생물의 한 종류인 조류(藻

類)야. 원생생물은 보통 핵을 가진 단세포 생물을 통틀어 이르는 말이란다.

조류는 대부분 광합성 색소를 가지고 있기 때문에 광합성을 통해 영양을 얻어. 광합성을 하기 때문에 식물이라고 할 수도 있지만, 조류는 일반적인 식물과 달리 뿌리, 줄기, 잎의 구분이 없고 꽃이나 열매를 맺지 않아. 또 곰팡이처럼 포자로 번식하지. 이러한 특징 때문에 조류는 식물이라고 하기도 애매해. 그래서 흔히 하등식물이라고도 부른단다.

조류는 어떤 색을 띠느냐에 따라 녹조류, 갈조류, 홍조류로 나뉘는데, 미역이나 다시마 등이 갈조류에 속해. 우리가 먹는 미역이나 다시마는 녹색인데 왜 갈조류냐고? 우리가 먹을 때 보는 미역이나 다시마는 물에 끓이고 난 후에 색이 변한 상태이기 때문에 녹색으로 보이는 것일 뿐, 미역과 다시마는 원래 갈색을 띠는 조류야.

미역이나 다시마 등은 우리 눈에 훤히 보이는데 이게 어떻게 미생물이냐고 묻는 친구들이 있겠지? 이들은 작은 미생물들이 함께 뭉쳐져서 살고 있기 때문에 우리 눈에 또렷하게 보이는 거야. 먼지도 평소에는 눈에 보이지 않지만 먼지가 많이 쌓이면 우리 눈에 보이는 것과 같은 이치라고 생각하면 쉬울 거야.

🍀 환경에 따라 다르게 사는 해캄

 가끔 민물가나 얕은 연못, 저수지 등을 들여다보면 머리카락 같은 초록색의 가는 실이 이리저리 엉겨 있는 것을 볼 수 있어. 이것은 바로 해캄! 우리가 그냥 눈으로 보기에는 실처럼 보이지만, 현미경으로 자세히 들여다보면 네모난 세포들이 사다리처럼 이어져 있는 것을 볼 수 있단다. 녹조류인 해캄은 세포 속에 녹색의 색소를 가진 기관들이 있기 때문에 초록색으로 보이고, 광합성도 할 수 있는 거야.

 해캄은 온도가 낮으면 살 수 없기 때문에 온도가 높은 여름철에 많이 자라. 효모처럼 자기 몸을 두 개로 나누어서 개체 수를 늘리는 해캄은 순식간에 어마어마하게 불어난단다. 만약 이런 해캄이 논에서 자라면 어떻게 될까? 논이 금세 해캄으로 빽빽하

게 뒤덮여 벼가 제대로 자라지 못하겠지? 그래서 논에서 해캄이 자라면 약을 쳐서 죽인다고 해. 해캄은 아무리 잘라 내도 다시 자라나거든. 도마뱀의 꼬리처럼 말이야.

　무서울 것 없이 쑥쑥 불어날 것만 같은 해캄에게도 무서운 것이 있어. 바로 추운 날씨지. 날씨가 추워지면 해캄은 곰이나 뱀처럼 겨울잠을 자. 두 개의 해캄이 서로 마주 본 상태에서 칸마다 기다란 관이 나와 서로를 연결하지. 그러면 두 덩어리가 하나가 되고, 껍질은 단단한 막이 되는 거야. 그 상태로 날이 따뜻해질 때까지 길고 긴 겨울잠을 자는 거지. 긴 잠을 자고 따스한 햇볕이 내리쬐는 봄이 오면 둘이 하나가 되었던 해캄은 이제 다시 두 개로 분리가 돼. 그런데 한 가지 특이한 점이 있어. 하나의 해캄이 다시 두 개로 분리될 때는, 처음의 그 모습이 아니라는 거야. 두 해캄의 다른 유전자가 적당히 섞여 새로운 해캄으로 나뉘는 거지.

　검은색 바둑돌과 흰색 바둑돌을 테이프로 돌돌 말아 하나로 만든다고 해 보자. 덩어리는 하나지만, 여전히 검은색과 흰색으로 나뉘어져 있지? 이 덩어리를 다시 떼면, 당연히 검은색 바둑돌과 흰색 바둑돌로 나뉘겠지. 하지만 해캄의 경우라면, 흰색과 검은색이 적당히 섞인 회색의 바둑돌로 변한다는 거야. 처음의 해캄과는 다른 해캄이 된다는 거지. 신기하지? 이처럼 두 개의 개체가 만나 유전자가 섞이는 걸 유성 생식*이라고 해. 해캄은 자기 몸을 두 개로 잘라서 개체 수를 늘리기도 하지만 이처럼 유성 생식을 통해 개체 수를 늘리기도 한단다.

> ### 유성 생식과 무성 생식
>
> 사람이 아기를 낳고, 동물이 새끼나 알을 낳는 것처럼 생물이 자기와 비슷한 개체를 만들어 종족을 유지하는 것을 생식이라고 해. 생식은 크게 유성 생식과 무성 생식으로 나뉘지.
> 유성 생식은 서로 다른 성별을 가진 개체가 세포 분열로 각각의 생식 세포를 만들면 이 두 생식 세포가 하나로 합쳐져 새로운 개체가 만들어지는 생식이야.
> 반대로 무성 생식은 성별의 구분 없이 하나의 개체가 스스로의 유전자와 똑같은 다른 개체를 만들어서 번식하는 방법이야. 무성 생식은 크게 해캄처럼 하나의 세포가 두 개 혹은 그 이상으로 나뉘는 분열법과 효모처럼 개체 위에 생긴 작은 싹이나 돌기가 점점 커지고 떨어져 새로운 개체를 이루는 출아법, 버섯이나 곰팡이처럼 포자를 퍼뜨려 번식하는 포자법 등으로 나뉜단다.

❁ 바다를 붉게 물들이는 재앙, 와편모조류

"어이, 김씨! 거기 흙을 좀 더 뿌리라고!"
"여기 흙 좀 더 줘!"
"아이고, 허리야. 적조 잡으려다가 내 허리 먼저 잡겠네!"
어부 아저씨들이 빨갛게 변한 바다 위에 흙을 계속 뿌리고 있었어. 빨갛게 변한 바다도 무섭지만 아저씨들이 왜 빨갛게 변한 바다에 흙을 뿌리는지도 궁금하지 않아?

"물고기들 죽이는 적조를 잡으려면 흙이 최고야. 흙을 뿌려서 녀석들을 혼쭐을 내 줘야지!"

2012년 10월, 여수를 비롯한 전남 지역의 바다가 새빨갛게 변했어. 적조가 일어났던 거지. 적조, 뉴스나 신문을 통해 들어 본 것 같긴 한데 바다가 빨갛게 변한다는 것 말고는 적조에 대해 잘 모르는 친구들이 많을 거야.

바다가 빨갛게 변하는 적조, 누가 바다를 빨갛게 만드는 걸까? 범인은 바로 와편모조류! 와편모조류는 광합성을 할 수 있는 엽록소 외에도 붉은색이나 황색 등의 색소를 갖고 있어. 그

런데 바닷물에 먹잇감이 많이 생기거나 수온이 올라가면 와편모조류가 갑자기 막 늘어나는데, 이 때문에 바닷물이 붉게 보이는 현상이 바로 적조야. 보통 바닷물 1리터에 와편모조류가 200만 개에서 800만 개가 있으면 물고기들이 죽을 정도로 위험한 수준인 적조가 일어나지.

적조는 바다에서 일어나는 재앙 중 하나야. 그저 바다가 빨갛게 변하는 것에서 멈추는 것이 아니라, 바닷속에 살고 있는 수많은 물고기들의 목숨을 앗아 가기 때문이지. 물고기의 떼죽음은 심각한 적조가 나타나면 항상 생기는 문제란다.

적조를 일으키는 와편모조류는 밀도가 굉장히 높은 생물이

야. 밀도는 어떤 사물이 일정한 면적에 빽빽하게 있는 정도를 가리키는 말인데, 밀도가 높다는 건 일정한 면적에 어떤 사물이 굉장히 많다는 거고, 반대로 밀도가 낮다는 건 일정한 면적에 사물이 적다는 얘기지. 밀도가 높은 와편모조류는 물고기들의 호흡 기관인 아가미에도 덕지덕지 들러붙어 숨을 못 쉬게 해. 결국 물고기들은 죽게 되지. 또 와편모조류가 만들어 내는 독소 때문에 물고기들이 죽기도 하고.

바다의 재앙인 적조는 지구 온난화와 이상기후로 바닷물의 온도가 높아지고, 바닷물이 오염되어 와편모조류가 먹을 것이 많아지면서 더 자주 일어나고 있어. 갯벌을 없애는 것도 적조를 일으키는 원인 중에 하나야. 갯벌에 사는 생물들이 물속의 미생물이나 플랑크톤을 먹어 치워 바닷물에 영양이 과하지 않게 조

적조에 대한 최초의 기록은?

"모세와 아론이 여호와께서 명령하신 대로 행하여 바로와 그의 신하의 목전에서 지팡이를 들어 나일 강을 치니 그 물이 다 피로 변하고 나일 강의 고기가 죽고 그 물에서는 악취가 나니 애굽 사람들이 나일 강물을 마시지 못하며 애굽 온 땅에는 피가 있으니……."

구약 성경의 출애굽기 7장 20~21절에 나오는 이야기야. 이를 학자들은 적조에 대한 최초의 기록으로 꼽고 있어. 물이 피처럼 붉게 변하고 물고기가 죽으며, 악취가 나는 것이 적조가 일어났을 때 나타나는 현상이기 때문이지.

그렇다면 우리나라의 적조에 대한 최초의 기록은 언제일까? 신라를 선덕왕이 다스리고 있던 639년, '동해 물이 붉은색으로 되고 열이 있어 고기와 거북이 죽었다.'라는 기록이 있는데 이를 우리나라 최초의 적조에 대한 기록으로 보고 있단다.

절해 주는데 갯벌이 없어지면서 영양이 과해져 적조가 더 심해지고 있는 거지.

  적조가 일어났을 때, 바다에 황토를 뿌리는 걸 본 적이 있을 거야. 그렇다면 왜 적조가 일어나면 황토를 뿌리는 걸까? 황토가 바닥으로 내려앉을 때, 바닷물 위의 와편모조류를 끌어당겨서 함께 가라앉거든. 황토는 와편모조류가 일으키는 적조를 해소하는 데 좋은 방법으로 관심을 끌고 있지만, 가라앉으면서 바닷속의 생태계에 영향을 끼친다는 문제점도 갖고 있단다.

이건 알고 있니?

미래의 식량, 미세 조류
클로렐라

미세 조류는 미역이나 다시마, 김 같은 거대 조류에 반대되는 의미로 아주 미세한 조류들을 이르는 말인데, 클로렐라는 대표적인 미세 조류야.

보통의 원생생물이 온도가 높거나 낮으면 잘 살지 못하는데, 클로렐라는 따뜻한 열대부터 추운 한대까지 기온에 상관없이 잘 자라는 편이야. 게다가 키우기도 쉽고 번식하는 속도도 매우 빠른 편이지. 클로렐라는 엽록체를 가지고 있어서 광합성을 할 수 있어. 그래서 과학자들은 클로렐라를 이용해 광합성의 원리를 연구하곤 했는데, 그중 미국의 캘빈이라는 과학자는 클로렐라를 이용해 광합성의 과정을 밝혀냈고, 그 덕에 1961년 노벨 화학상을 수상했지. 푸른곰팡이에 이어 미생물이 이룬 또 하나의 쾌거라고 할 수 있겠지?

약 30억 년 전에 지구에 나타난 것으로 추정되는 클로렐라는 미생물답게 크기는 아주 작지만 갖고 있는 영양소는 엄청 많아. 클로렐라는 26가지가 넘는 비타민과 미네랄을 비롯해, 시력에 도움을 주는 카로틴과 루테인 등이 풍부하게 함유되어 있어. 게다가 3대 필수 영양분인 단백질과 탄수화물, 지방까지 함유된 최고의 식품이라고 할 수 있지. 이렇게 식품으로 완벽한 영양 성분을 갖고 있기 때문에 클로렐라는 미국항공우주국에서 우주인의 식품으로 연구되었단다.

영양소도 풍부하고 건조시키면 부피도 작아지고 보관하기도 편하니 최고의 식품일 것 같지만, 사실 클로렐라는 식량자원으로서는 큰 약점을 하나 갖고 있어. 바로 맛이 없다는 거지. 게다가 소화도 잘 안 되고 말이야. 하지만 많은 연구를 통해 클로렐라를 상품으로 만드는 데 성공했고, 클로렐라는 건강식품으로 많은 인기를 얻고 있단다.

2 우린 동물이 아니야! 편모충, 섬모충

🍀 동물이기도 하고 식물이기도 한 편모충, 유글레나

"선생님, 아무리 나사를 조절해도 유글레나가 안 보여요!"

대물렌즈를 이리저리 조절하던 나은이는 결국 백기를 들고 말았어. 다른 친구들은 유글레나가 보인다고 신나서 떠드는데 나은이는 아무리 렌즈를 조절해도 유글레나가 보이지 않았거든.

"음, 나은이 현미경은 대물렌즈의 배율이 40배로 되어 있구나. 선생님이 아까 4배로 해 놓고 찾으라고 했는데. 배율이 높으면 화면에서 보이는 영역이 좁아지기 때문에 관찰하려는 대상을 찾기가 어려워. 관찰하려는 대상을 정확히 찾고 배율을 높여 가며 관찰해야 정확하게 관찰할 수 있단다."

"어? 아까 4로 맞췄던 것 같은데……. 어, 언제 40으로 바뀌었지? 헤헤."

나은이는 멋쩍게 웃으며 선생님 말씀대로 대물렌즈의 배율을 4로 낮추고 조동나사와 미동나사를 움직이며 유글레나를 찾기 시작했어.

'휙!'

앗, 무언가가 정말 눈 깜짝할 새 휙 지나갔어. 나은이는 다시 그 움직임을 찾기 위해 조심히 미동나사를 조절했지.

"와, 와! 유글레나다! 나도 보인다!"

드디어 나은이의 시야에도 유글레나가 보였어! 아무것도 없는 것 같은 물속에 유글레나 같은 살아 있는 생물들이 있다니 좀 끔찍하기도 했지만, 맨눈으로는 절대 보지 못할 유글레나를 직접 봤으니 뭔가 새로운 생명체를 발견한 것 같아서 한편으론 기분이 좋기도 했지.

"어? 그런데 이건 뭐지?"

현미경 렌즈로 유글레나를 들여다보던 나은이는 무엇인가를 보고는 깜짝 놀랐어. 유글레나의 몸에 빨간색 볼펜으로 찍어 놓은 것 같은 붉은 점이 보였거든. 나은이는 그 붉은색 점의 정체를 밝히기 위해 몸을 점점 현미경에 바짝 가져갔어. 현미경에 몸이 빨려 들어갈 정도로 말이야. 나은이도 참! 배율을 높이면 크게 볼 수 있는데…….

나은이가 현미경을 통해 본 유글레나 몸의 붉은색 점은 안점이라는 감각 기관이야. 안점이라고 하니 우리의 눈처럼 무엇인가를 보는 데 사용되는 기관이라고 생각하겠지만, 유글레나의 안점은 빛을 감지해 빛 쪽으로 가도록 한단다. 유글레나가 안점을 이용해 빛을 쫓는 이유는 광합성을 하기 위해서야. 유글레나는 몸 색깔이 연둣빛이라 연두벌레라고도 부르는데, 몸이 녹색인 이유는 바로 몸속에 엽록체가 있기 때문이지. 이 엽록체 덕분에 광합성을 통해 양분을 얻는 거야. 광합성을 하기 때문에 유글레나는 식물처럼 보이기도 하지만, 꿈틀꿈틀 움직이는 유글레나를 식물이라고 하기는 애매하지? 어라? 하지만 다리는 전혀 안 보이는걸? 유글레나는 어떻게 움직이는 걸까?

유글레나의 안점 옆쪽에는 가느다란 털이 하나 달려 있어. 이 가느다란 털은 편모라고 하는데, 유글레나는 이 편모를 이용해 요리조리 움직인단다. 이 편모가 유글레나의 다리와 같은 거지.

유글레나처럼 편모를 이용해 움직이는 원생생물 무리를 바로 편모충이라고 한단다.

🌱 섬모충의 마스코트, 털투성이 짚신벌레

섬모충이 어떤 건지 몰라도 짚신벌레를 모르는 사람은 아마 거의 없을 거야. 짚신벌레는 섬모충 중에 가장 유명한 슈퍼스타니까!

짚신처럼 생겼다고 해서 짚신벌레라는 이름이 붙은 이 짚신벌레는 몸 전체에 짧은 털을 두르고 있어. 이러한 털을 섬모라고 하는데, 짚신벌레는 이 섬모를 이용해서 움직이지. 짚신벌레처럼 섬모를 이용해 움직이는 원생생물을 통틀어서 섬모충이라고 해.

섬모와 편모는 둘 다 원생생물의 몸에 있는 털이고, 이것을 이용해 움직이는데 왜 섬모와 편모로 구분되는 걸까? 둘 사이의 가장 큰 차이점은 섬모는 원생생물의 온몸을 두르고 있을 정도로 개수가 많지만, 편모는 보통 한 개 내지는 많아 봐야 몇 개에 그친다는 점이지. 게다가 섬모는 길이가 짧지만, 편모는 길이도 섬모에 비해서는 긴 편이란다. 때문에 섬모와 편모를 구분하고, 그에 따라 섬모충과 편모충으로 구분을 하는 거지.

짚신벌레에게 섬모는 몸을 움직일 수 있게 함과 동시에 음식물을 먹을 수 있게 하는 아주 소중한 털이야. 유글레나는 광합성을 통해 양분을 얻기 때문에 편모가 몸을 움직이게만 해도 탈이 없지만, 짚신벌레는 섬모를 이용해서 음식을 먹기 때문에 섬모가 없으면 굶어 죽게 돼. 세균 같은 짚신벌레의 먹잇감이 나타나면 섬모가 꾸물꾸물 움직여서 짚신벌레의 입 쪽으로 옮겨주거든.

짚신벌레는 하나의 세포로 이루어진 단세포 생물이지만, 그 하나의 세포가 여러 구역으로 나뉘어져 있어서 입의 역할을 하는 부분, 항문에 해당하는 부분이 따로 있어. 먹잇감이 나타나면 섬모가 먹잇감을 잡아서 입의 역할을 하는 부분으로 넘겨줘. 그러면 짚신벌레는 맛있게 먹은 후에 항문으로 찌꺼기를 내보내지. 단 하나의 세포로 먹을 수도 있고, 배설을 할 수도 있다니 놀랍지?

또 하나 놀라운 사실은 짚신벌레는 죽을 수도 있지만, 다시 젊어질 수도 있다는 거야. 짚신벌레는 문장의 마침표 크기 정도로 몸집이 작은데 이 작은 몸이 둘로 나뉘어서 번식하는 이분법으로 개체 수를 늘린단다. 그런데 이렇게 자꾸 분열을 하면, 사람이 나이를 먹어 죽는 것처럼 짚신벌레도 나이를 먹어 죽게 돼. 그런데 두 개의 다른 짚신벌레가 일시적으로 결합해서 유전자를 교환하면 젊어지는 거지.

짚신벌레는 보통의 생물이 핵을 하나만 가지고 있는데 비해 최소 두 개의 핵을 가지고 있는데, 큰 것은 대핵, 작은 것은 소핵이라고 해. 두 개의 서로 다른 짚신벌레가 결합할 때 이 소핵의 유전자를 교환하면 젊어지는 거야. 유전자를 교환해 젊어질 수 있다니, 흰머리가 늘어 고민인 엄마 아빠에게는 짚신벌레가 참 부러울 거야. 그렇지?

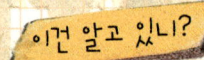

원생생물의 공생과 진화

악어와 악어 새, 흰동가리와 말미잘, 개미와 진딧물은 공생하는 사이야. 공생은 서로 다른 두 생물이 서로에게 영향을 받는 관계를 말해.

악어 새는 악어의 이빨을 청소하면서 이빨에 붙은 찌꺼기를 먹고, 악어는 악어 새 덕분에 이빨의 청결을 유지할 수 있단다. 말미잘은 촉수에 독이 있는데 흰동가리는 말미잘의 독에도 죽지 않기 때문에 말미잘 사이에서 살면서 다른 동물의 공격에서 안전할 수 있지. 대신 흰동가리가 다른 물고기를 유인해서 말미잘이 잡아먹을 수 있도록 돕는단다. 진딧물은 식물에서 즙을 빨아들여 몸으로 흡수한 후 남는 당분을 배출하는데, 이를 감로라고 해. 개미는 진딧물의 감로를 먹고, 대신 천

악어와 악어 새

흰동가리와 말미잘

적인 무당벌레 등의 접근을 막아 진딧물을 보호해 준단다.

개미와 진딧물

이런 공생은 원생생물에게도 일어나. 하지만 원생생물의 공생은 좀 달라. 보통의 공생은 서로에게 도움을 주는 선에서 끝나지만, 원생생물의 공생은 여러 종류의 생물이 합쳐지는 내부 공생 관계까지 이어진단다.

지구에 처음 나타난 생물은 세균이었어. 핵이 없어서 세포질에 자신의 유전 정보가 다 들어 있는 형태였지. 이들은 다른 세균을 먹으며 영양을 섭취했는데, 그중 소화가 안 된 찌꺼기들은 세균의 몸속에 남아 다른 형태로 변형됐지. 유글레나의 편모처럼 몸 밖에 붙기도 했고, 아니면 광합성을 하는 엽록체처럼 몸속으로 들어가기도 했지. 이렇게 새로운 유전 정보들이 들어오니 맨 처음의 세균은 자신의 유전 정보를 잃지 않기 위해 유전 정보를 보관할 수 있는 작은 주머니를 만들었어. 이게 바로 핵이야. 핵이 만들어지면서 세균은 점점 원생생물이나 균, 동식물로 진화하게 되었지. 내부 공생이 없었다면 지구상의 수많은 동식물은 물론, 우리도 세상에 존재하지 않았겠지?

3 작다고 무시하지 마! **육질충, 포자충**

❋ 단세포 생물의 마스코트, 아메바

　흐물흐물, 몸의 형태가 없이 움직이는 아메바는 단세포 생물로 나름 유명세를 갖고 있는 원생생물이야. 손도 없고 발도 없고 그냥 뭉텅한 젤리 같은 아메바지만, 겉모습만으로 아메바를 판단하는 것은 아주 위험해. 아메바를 조금만 더 파헤쳐 보면 아메바의 무시무시함을 알게 될 테니까!

　2012년 7월 미국의 한 소년이 네글레리아 파울러리 아메바에 감염되어 사망한 사건이 있었어. 네글레리아 파울러리 아메바는 뇌를 먹는 아메바라고도 알려져 있는데, 이 아메바에 감염된 사람은 뇌 조직이 파괴돼서 죽는다고 하니 정말 공포스럽기 짝

이 없는 존재야. 이름도 어려운 네글레리아 파울러리 아메바에 감염되면 95퍼센트 정도가 사망한단다. 2001년부터 10년 동안 32차례만 감염 사실이 확인될 정도로 희박한 일이지만 미리 조심해서 나쁠 건 없겠지?

네글레리아 파울러리 아메바는 따뜻한 민물에서 사는데 주로 사람의 코를 통해 뇌로 이동한단다. 그런데 아무리 살펴봐도 아메바는 다리 같은 것은 보이지 않는데 어떻게 이동하는 걸까?

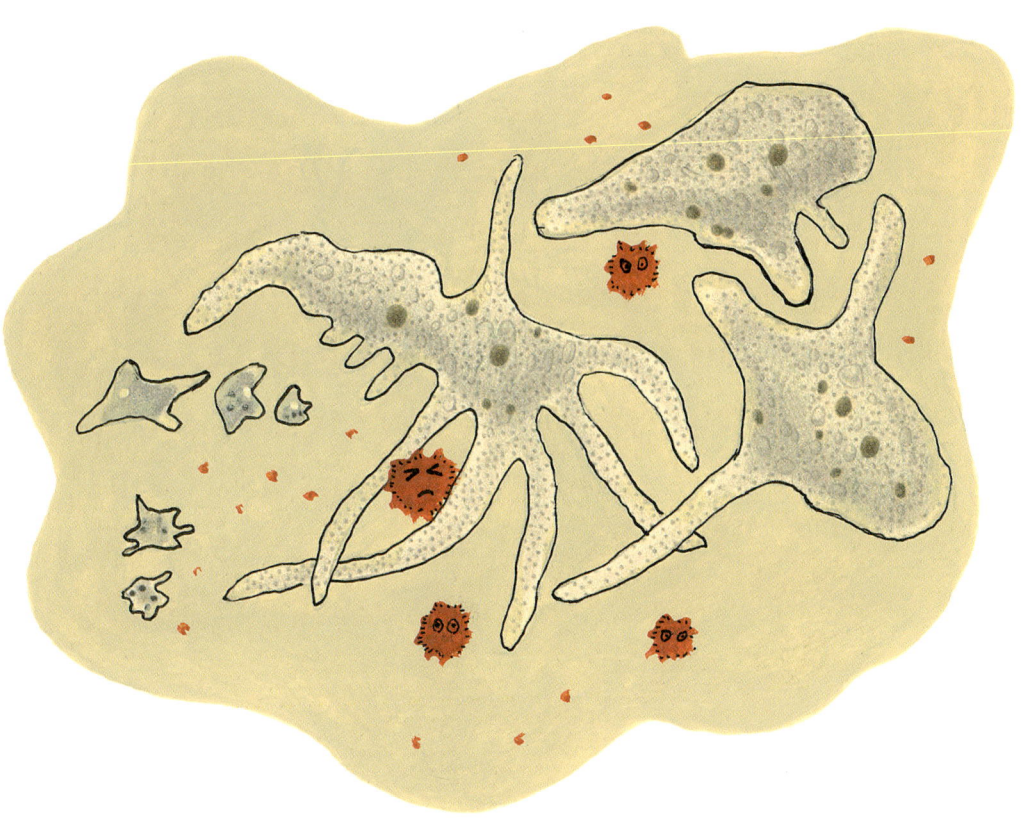

아메바는 가짜 다리를 만들어 이동하거나 먹이를 먹는다.

사람은 다리로 이동을 하고 새는 날개로 이동을 하지. 그렇다면 아메바에게도 보이지는 않지만 몸 어딘가에 다리나 날개 같은 게 꼭꼭 숨어 있는 건 아닐까? 아메바는 신기한 마술을 부릴 줄 아는 생물이야. 움직이고 싶을 때면 마술처럼 다리를 만들어 내거든. 위족이라는 가짜 다리를 만드는 거야. 세포의 일부가 튀어나와 다리 역할을 하면서, 이 다리로 여기저기 움직이는 거지. 아메바는 위족을 한 개만 만들기도 하지만 필요하다면 수십 개를 만들기도 한단다.

위족은 아메바가 움직이기 위해서도 필요하지만 먹이를 먹기 위해서도 필요하단다. 우리는 음식을 입으로 먹고 소화를 시키지만, 아메바는 위족을 이용해서 먹이를 몸 안으로 집어넣어 먹는단다. 아메바는 세포가 하나밖에 없는 단세포 생물인데, 먹이를 먹을 수 있는 세포 기관을 일시적으로 만들어서 먹이를 먹는 거지. 아메바처럼 세포기관인 위족이 있어서 이것으로 먹이를 잡거나 이동 운동을 하는 원생생물을 육질충류라고 한단다.

아메바는 온몸이 하나의 세포인 단세포 생물이지만 필요하다면 다리도 만들고, 소화를 시키는 세포도 일시적으로 만들기도 해. 그런 걸 보니, 단세포 생물이지만 어쩌면 머리가 좋은 생물일지도 모르겠어. 그렇지?

🍀 모기 한 마리 때문에 죽은 정복 왕, 알렉산드로스 대왕

　마케도니아의 젊은 왕 알렉산드로스의 시선은 아라비아를 향하고 있었어. 그리스와 페르시아, 인도에 이르는 대제국을 건설한 그는 자신이 정복한 지역마다 자기 이름을 딴 알렉산드리아라는 도시를 세웠는데, 그 도시는 무려 70여 개에 이르렀어. 그는 비장한 표정으로 자신의 검을 매만졌지. 자신이 건설할 새로운 알렉산드리아를 생각하며 말이야.

　하지만 알렉산드로스 대왕은 꿈을 이루지 못한 채 숨을 거두고 말았어. 기원전 323년, 33세의 젊은 나이로 말이야. 여러 지역을 정복하며 대제국을 이룬 알렉산드로스 대왕이 젊은 나이에 갑작스럽게 숨을 거두게 된 이유는 무엇일까? 정치적 음모로 인한 독살이라는 설도 있지만 현재 알렉산드로스 대왕의 죽음의 원인은 모기라고 보는 견해가 우세하단다.

　여름에 귓가에 맴돌며 시끄러운 소리를 내고, 심지어는 사람의 피를 쪽쪽 빨아먹는 모기 한 마리가 알렉산드로스 대왕을 죽음에 이르게 했다니 믿기 힘들다고? 알렉산드로스 대왕뿐만이 아니라 세계에서 가장 거대한 제국을 세웠던 칭기즈 칸도 모기 때문에 죽었을 것이라는 견해가 유력해. 또 살아 있는 성녀로 추앙받은 인도의 테레사 수녀, 『신곡』이라는 문학 작품을 남긴

단테 역시 모기 때문에 생을 마쳤단다. 도대체 모기의 무엇이 세계적인 영웅을 죽음으로 몰고 간 것일까?

정확하게 말하자면 이들이 죽게 된 원인은 모기가 아니라 모기가 옮긴 말라리아 병원충이라는 원생생물 때문이야. 이 원생생물은 모기의 몸에 기생해서 자라는데, 모기가 사람의 피를 빨아먹을 때 사람의 몸으로 침투하지. 이들은 사람의 간에서 일단 자기 가족을 늘린 후에 혈액의 적혈구 속으로 들어간단다. 적혈구는 몸 곳곳에 산소를 전해 주는데, 적혈구에서 머물던 말라리아 병원충이 적혈구를 터트리고 나오면 뇌에도 산소가 가지 못해서 결국 죽게 되는 거야.

이 질병이 바로 말라리아이고, 알렉산드로스 대왕, 칭기즈 칸, 테레사 수녀, 단테 등이 모기가 옮긴 말라리아 병원충 때문에 죽게 된 거지. 세계에 이름을 떨친 이들이 고작 모기 한 마리 때문에, 아니 눈에 보이지도 않는 말라리아 병원충이라는 미생물 때문에 죽게 될 거라고 누가 상상이나 했겠어!

말라리아라는 병은 '나쁜 공기'라는 뜻을 갖고 있는데, 왜 이 병에 걸리는지 정확히 몰랐던 당시 사람들은 말라리아가 공기에 의해 전염된다고 생각했기 때문에 이런 이름이 붙은 거야. 하지만 프랑스의 라브랑이라는 학자가 말라리아 감염 환자들의 피에서 말라리아 병원충을 발견하면서 말라리아의 비밀이 벗겨졌단다. 특히 당시까지만 해도 모든 병은 세균이 옮긴다고 생각했는데 라브랑이 말라리아 병원충을 발견해서 원생생물이 병을 옮길 수 있다는 게 밝혀졌어. 이러한 공로를 인정받아 라브랑은 1907년에 노벨 생리·의학상을 받기도 했지.

말라리아 병원충 외에도 소에 기생하는 바베시아, 물고기의 점액포자충, 곤충이나 지렁이에 기생하는 그레가리나도 모두 포자충류에 속한단다.

이건 알고 있니?

동물을 조종하는 톡소포자충

눈앞에 고양이가 있는데도 무서워하지 않는 쥐가 있어. 톡소포자충에 감염된 쥐야. 기생 생물인 톡소포자충이 쥐의 뇌를 지배해 고양이를 무서워하지 않게 하는 거지. 톡소포자충은 최종 목적지인 고양이의 몸속으로 쉽게 들어가게 하기 위해서 쥐가 고양이를 무서워하지 않게 조종하는 거야. 쥐가 요리조리 도망 다니지 않으면 고양이가 쉽게 쥐를 잡아먹을 수 있으니 아무래도 톡소포자충이 고양이 몸속으로 들어가기 쉽잖아.

톡소포자충이 고양이의 몸속으로 들어가려는 이유는 단 하나! 톡소포자충은 고양이의 몸속에서만 번식을 할 수 있거든. 비록 쥐의 몸에 있어도 쥐의 몸 안에서는 그저 잠시 자리만 빌리고 있는 것일 뿐, 호시탐탐 고양이의 몸속으로 들어갈 기회를 엿보고 있단다. 그리고 고양이 몸에서 번식을 하면, 고양이의 배변을 통해 그 알이 밖으로 나오게 되지.

톡소포자충은 사람에게도 전염될 수 있어. 사람의 몸에 톡소포자충이 들어오면 우리 몸을 지키는 면역체들이 톡소포자충에 맞서 치열한 전투를 벌인단다. 전투가 계속될수록 톡소포자충은 자신들이 이길 가능성이 낮다는 걸 알고는 주머니 같은 것을 만들어 그 속으로 일단 피신해. 그러면 면역체들도 더 이상 공격하지 않는단다. 톡소포자충들이 모여 있는 이 주머니는 주로 사람의 뇌나 눈, 근육 등에 머무는데, 건강한 사람은 톡소포자충에 걸려도 별 증상이 나타나지 않아. 하지만 면역력이 약한 경우에는 눈에 염증이 생기거나 뇌염, 폐렴 등에 걸릴 수도 있어.

앗! 혹시 고양이를 키우는 친구들 중에 톡소포자충에 걸릴까 염려되는 사람 있어? 걱정하지 마. 사람이 고양이 때문에 톡소포자충에 걸릴 확률은 매우 낮거든. 요즘 집에서 키우는 고양이들은 사료를 먹기 때문에 톡소포자충에 감염된 동물을 먹을 확률이 낮기 때문이야. 사람은 고양이 때문이 아니라 보통 톡소포자충에 감염된 동물의 고기 때문에 톡소포자충에 걸린단다. 톡소포자충에 걸릴까 걱정이 된다면 음식은 익혀 먹고 개인 위생에 신경을 쓰는 편이 좋아. 톡소포자충에 걸릴까 봐 애꿎은 고양이를 의심하진 말자고!

3장

세균

주인공 소개

이름 : 세균
가족 : 대장균, 헬리코박터 파일로리균, 유산균, 탄저균 등 너무 많아 셀 수 없음.
사는 곳 : 사람 몸 속, 음식물 속, 쥐의 몸 속 등 여기저기.
특징 : 지구에 산소를 만들어 준 고마운 미생물.

1 여기저기 우글우글한 **세균**

🦠 세상에 제일 먼저 태어난 생물, 세균

아래 그림에서 버섯 같기도 하고 기둥 같기도 한 바위가 보이니? 이것은 시아노박테리아라고도 불리는 남세균의 화석이야. 스트로마톨라

이트라고 부르지. 남세균은 지구에 가장 먼저 나타난 생명체로 알려져 있단다. 이 스트로마톨라이트는 남세균이 내는 끈적한 물질에 모래 등이 엉겨 붙어서 생긴 것으로 생각되는데, 약 34억 년쯤 전에 만들어졌을 거라고 과학자들은 추정하고 있어.

  우리가 살고 있는 지구의 나이는 약 45~46억 살 정도야. 그럼 지구에 최초로 나타난 남세균은 언제쯤 그 모습을 드러냈을까? 과학자들은 약 40억 년쯤 전에 바닷속에서 남세균이 나타났을 거라고 말해. 어느 날 바닷속에 자기 스스로를 복제해서 번식을 하는 것이 생겼는데, 이것이 바로 남세균이라는 거지. 이 남세균이 없었다면 지구에 더 이상의 생명체는 생기지 않았을지도 몰라.

무슨 말이냐고? 남세균이 있었기 때문에 동물이나 식물이 생겨난 거거든.

지구가 처음 생겼을 때는 산소가 그다지 많지 않았어. 지금 지구에 있는 산소는 그때 지구에 있던 산소에 비하면 약 1000배 정도나 많단다. 그럼 어떻게 산소가 이렇게 늘어난 걸까? 시간이 지나서? 아니, 지구에 산소의 양을 늘린 위대한 역할을 한 게 바로 남세균, 시아노박테리아란다.

남세균은 특이하게 식물이 아닌데도 광합성을 한단다. 이 남세균들은 햇빛과 바닷물 속의 이산화탄소를 흡수해 산소를 내뿜었지. 이산화탄소는 물에 잘 녹는 편이지만 산소는 물에 잘 녹지 않기 때문에 공기 중으로 퍼져 나갔단다. 대기 중에 있던 이산화탄소는 바닷물에 녹아 남세균의 광합성 작용에 요긴하게 사용되었지. 이렇게 남세균이 계속 광합성을 해서 이산화탄소는 줄고 산소는 점점 더 늘어났어. 공기 중에 산소가 늘어난 덕분에 식물과 동물이 점점 지구상에 나타나기 시작한 거야.

남세균이 없었다면 우리가 사는 지구의 모습은 지금과는 사뭇 달랐을 거야. 아마 우리도 지구에 없었을지도 모르지. 다른 동식물과 마찬가지로 우리 사람도 산소가 없으면 살 수 없으니까 말이야.

세균은 핵이 없다?

"자, 이 양이 바로 최초의 포유류 복제 동물인 돌리입니다!"

1996년 영국 에든버러 로슬린 연구소의 이언 윌멋 박사는 세계 최초로 포유류 복제 동물을 만들었단다. 복제된 동물은 양이고, 이 최초의 포유류 복제 동물의 이름은 돌리!

돌리는 엄마 양이 두 마리란다. 유전자를 준 엄마랑, 배 속에서 키워 준 엄마. A라는 암컷 양의 몸에서 유전 정보가 들어 있는 핵을 빼서 B라는 다른 양의 몸속에 그 핵을 넣은 거야. 그래서 태어나기는 B라는 양의 몸에서 태어났지만, 유전 정보는 A라는 양의 유전 정보를 가지고 태어난 거야. 신기하지? 하지만 이 과정은 쉽지 않단다. 몸속에 있는 핵을 온전히 뽑아내는 것도, 뽑아낸 핵을 다른 몸에 넣는 것도, 또 그 핵이 무사히 자라나는 것도 모두 어렵고 복잡한 과정을 통해 이루어지는 거지.

보통의 생물은 다 핵이 있어. 핵은 유전 정보를 담은 DNA들이 뭉쳐진 덩어리라고 생각하면 돼. 하지만 세균은 핵이 없단다. 그렇다면 핵이 없이 어떻게 자손들에게 유전 정보를 물려줄까? 세균의 몸에는 핵은 없지만, 유전 정보가 담긴 DNA들이 둥둥 떠다니고 있어. 세균은 자식을 만들 때, 몸을 두 개로 나눠서 만든단다. 그때 DNA들을 복제해 놨다가 몸이 두 개로 나뉠 때, DNA를 각각 하나씩 가져가는 거지. 그러면 생김새와 특징이 똑같은 세균이 또 하나 만들어지는 거야. 세균의 자식 만들기, 참 쉽지?

　하나의 세균이 둘로 나뉘어 자식을 만드는 것 말고도 세균의 놀라운 능력이 하나 더 있단다. 세균들은 유전자 조작을 마음대로 한다는 거야! 유전자 조작, 한 번쯤은 들어 봤을 거야. 생물 속에 있는 유전자 정보를 바꾸는 건데, '무르지 않는 토마토'가 대표적일 거야. 토마토 속의 유전 정보를 바꿔서 쉽게 무르는 토마토를 무르지 않게 만든 거지. 이런 유전자 조작은 상당히 복잡하고 힘든 작업이란다. 하지만 세균에게는 식은 죽 먹기라는 거!

　세균은 약 30억 년 전부터 유전자 조작을 했단다. 서로 갖고 있는 유전자를 마음대로 바꾼 거지. 방법도 간단해. 몸에서 긴 다리를 뻗어 다른 세균에게 유전자를 전해 주면 끝! 유전자를 받은 세균은 그 유전자와 자기 유전자를 이용해 다양한 모습으로 또 변하지. 그래서 세균의 종류는 셀 수도 없을 만큼 많단다. 유전자를 쉽게 주고받을 수 있으니 다양한 모습의 세균들이 막 생겨나거든.

　만약 우리 사람도 세균처럼 유전자 조작을 마음대로 할 수 있으면 어떻게 될까? 키가 크고 싶다면 키 큰 아이에게 유전자를 받고, 똑똑해지고 싶다면 똑똑한 아이에게 유전자를 받고, 그림을 잘 그리고 싶다면 그림 잘 그리는 아이에게 유전자를 받으면 좋을 것 같지? 내가 원하는 대로, 부족한 건 하나도 없는 완벽한 사람이 될 것만 같잖아. 하지만 조금 더 생각해 봐. 모두 다 똑같은 사람만 가득한 세상이 과연 좋은 곳일지 말이야.

30분 만에 자식을 만드는 세균

 중국 서유기에 등장하는 인기 만점 주인공, '손오공'. 손오공 하면 가장 먼저 생각나는 게 아마도 하늘을 나는 구름인 근두운과 길이가 자유자재로 늘어나는 방망이 여의봉일 거야. 하지만 손오공 하면 빠질 수 없는 하나가 바로 '분신술'이지. 손오공은 자신의 머리카락을 뽑아 입김을 '후~!' 하고 불면 자기랑 똑같이 생긴 분신들이 마술처럼 휘리릭 나타나잖아. 손오공의 분신술이 부러울 때가 한두 번이 아니야. 공부도 해야 하고, 친구들이랑 놀기도 해야 하고, 밥도 먹어야 할 때 손오공의 분신술이 우리에게도 있다면 얼마나 좋겠어? 머리카락을 세 가닥 정도 뽑아 후 불어서 분신을 만든 다음, 공부도 시키고 밥도 먹이고 친구들이랑 놀기도 하면 되니까! 하지만 안타까운 건 손오공의 분신들은 오래가지 못한다는 거지.

 손오공만큼 빠르진 않지만, 세균이 자기와 똑같은 분신을 만드는 속도도 손오공에 못지않아. 우리 몸속의 장에 살고 있는 대장균의 경우에는 20분마다 한 번씩 몸을 나누면서 분신을 만들거든. 한 마리의 대장균이 20분이 지나면 두 마리로, 이 두 마리의 대장균이 다시 20분이 지나면 네 마리로, 여덟 마리로 늘어나는 거지. 열 시간 정도가 지나면 약 13억 마리로 늘어난다고 해. 그것도 모두 생김새와 성질이 똑같이 생긴 게 13억 마리나 되는 거야. 정말 놀랍지?

그런데 10시간 만에 대장균이 13억 마리로 늘어나면, 대장균이 살고 있는 장이 터져 버리는 건 아닐까 걱정하는 친구도 있겠지? 하지만 그럴 일은 전혀 없어. 대장균은 매일 우리가 싸는 똥에 섞여서 밖으로 나오거든!

대장균뿐만이 아니라 우리가 셀 수도 없을 정도로 많이 번식하는 세균들은 사람이나 동식물과 마찬가지로 죽는단다. 상처가 생겨서 죽거나 먹을 게 없어 굶어 죽거나, 나이가 들어서 죽는 등 세균에게도 수명이라는 게 있거든. 그러니 세균의 번식 속도가 아무리 빨라도 지구가 세균으로 가득 찰 일은 전혀 없단다.

대장균의 번식 과정

좋기도 하고 나쁘기도 한 대장균

잠깐 수수께끼 문제를 하나 풀고 갈까? 지구에 가장 먼저 나타난 생물이 세균이었다는, 세균은 30분 만에도 자식을 만든다는, 우리 몸속에 세균이 살고 있다는, 게다가 입에만 약 350여 종류의 세균이 살고 있다는 다소 충격적인 소식에 놀랐을 마음을 좀 진정시키는 차원에서 말이야.

문제 : 세균들의 대장은?

에이, 시시하다고 비웃는 친구들도 있네? 정답은 대장균! 제목만 보고 이미 눈치챈 친구들도 있겠지만, 사실 이 수수께끼는 가히 수수께끼의 전설이라고 할 정도로 오래된 수수께끼지. 그리고 잘못된 사실을 알려 주는 대표적인 수수께끼이기도 하고 말이야.

대장균은 세균들의 대장이기 때문에 붙은 이름이 아니야. 그저 우리 몸의 대장에 살고 있기 때문에 대장균이라는 이름이 붙은 것뿐.

대장균은 우리 몸에 꼭 필요한 아주 중요한 세균이란다. 중요할 뿐만이 아니라 우리 몸에 없어서는 절대 안 되는 세균이지.

대장균은 대장에 자리를 턱 잡고 있으면서 장에 나쁜 세균이 자라지 못하게 지키는 역할을 해. 대장균이 없으면 나쁜 세균들이 빈자리를 노리고 들어와 번식하고, 우리 몸에 탈을 일으키지. 사람들을 지키는 군인처럼 대장균은 대장에 나쁜 세균이 자리 잡지 못하게 우리의 대장을 지키는 군인인 셈이야. 또 대장균은 비타민 K를 만들어. 비타민 K는 상처가 나거나 칼에 베거나 해서 피가 났을 때 피를 굳게 하는 물질이야. 그런데 비타민 K가 부족하면 피가 굳지 않아서 몸 안에 있는 피가 계속 밖으로 빠져나오기 때문에 위험한 상황에 빠지게 돼. 우리 몸에 꼭 필요한 비타민 K는 시금치나 양배추, 우유 등에도 있지만 세균인 대장균이 만들기도 한단다.

이렇게 사람에게 좋은 대장균이지만 어떤 대장균은 사람을 죽게 할 수도 있어. 대장균의 종류가 약 170여 종이 되는데 이 중에서 몇몇 대장균들이 문제를 일으키는 거지.

1996년 일본에서 약 1만여 명이 집단 식중독에 걸린 사건이 있었어. 그중에 열 명은 안타깝게도 목숨을 잃고 말았지. 이 사건의 범인은 다름 아닌 O-157이라는 대장균이었어. O-157은 오염된 음식물을 통해서 감염이 되는 것으로, 설사와 복통을 일으키는 세균이야. 뿐만 아니라 장이 점점 헐어서 피가 섞인 똥을 싸게 되지. 심하면 하루에 열 번 이상 똥을 싸기도 해. O-157이 무서운 건 증상이 심해지면 신장(콩팥)이 제 기능을 하지 못하는 신부전증에 걸리거나 뇌에 이상을 일으키기도 한다는 거야. 물론 최악의 상황은 죽는 것이지.

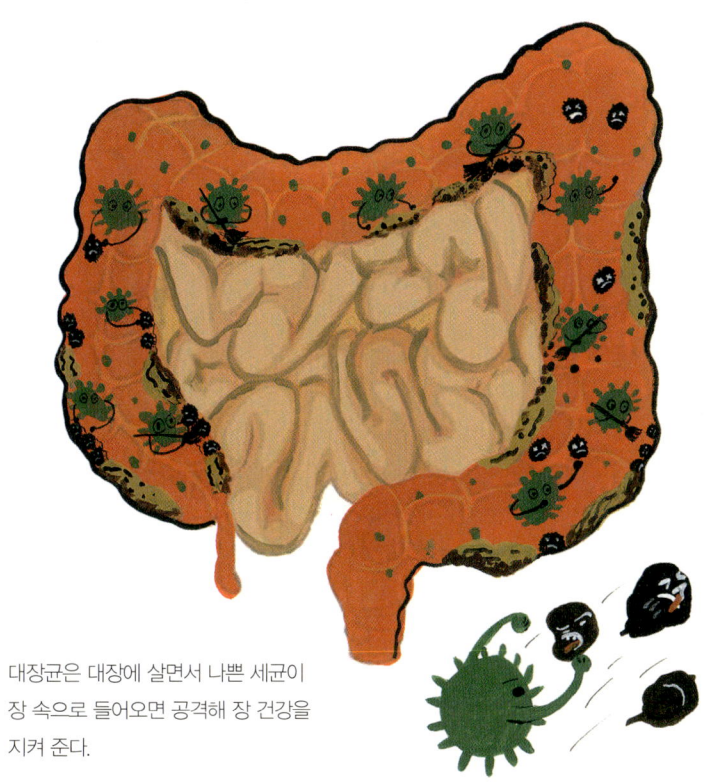

대장균은 대장에 살면서 나쁜 세균이 장 속으로 들어오면 공격해 장 건강을 지켜 준다.

    대장균은 우리 몸속에 있을 때는 한없이 고마운 세균이지만, 우리 몸을 아프게 할 수도 있는 무섭고 나쁜 세균이기도 해. 그렇다면 우리는 당연히 고마운 대장균은 아껴 주고, 무섭고 나쁜 대장균은 물리쳐야겠지? 무섭고 나쁜 대장균을 막으려면 손 깨끗이 씻고, 음식 익혀서 먹고, 위생에 철저히 신경 써야 한다는 걸 잊지 마!

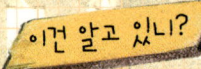

오래된 세균(?) 고세균

세균은 종류가 어마어마하게 많아. 발견되지 않은 세균까지 포함한다면 상상할 수도 없을 만큼 많은 세균들이 지구상에 살고 있을 거야. 다양한 종류만큼이나 세균들은 다양한 환경에서 적응하면서 살아왔어. 그 다양한 환경 중에서도 특히 극한의 환경에서 사는 세균들이 있는데, 이 세균들을 통틀어 고세균이라고 한단다.

고세균은 옛날 세균이라는 뜻이야. 고세균들이 사는 곳이 지구가 처음 생겨났을 때의 모습과 비슷한 면이 많아 옛날 세균이라는 뜻의 고세균이라는 이름이 붙었지. 보통의 세균들은 적당히 따뜻하고 습기가 많은 곳에서 잘 자라. 하지만 고세균은 아주 뜨겁거나 소금기가 많은 곳에서 주로 번식해. 게다가 사람은 산소가 없으면 살 수 없지만 고세균 중에는 산소가 없는 곳에서 사는 것들도 있어. 이런 환경이 지구가 처음 태어났을 때의 환경과 비슷해서 고세균을 최초의 세균이라고 보는 학자들도 있단다.

그렇다면 고세균들은 어떤 환경에서 사는 걸까? 일단 뜨거운 곳을 좋아하는 호열성 균이 있어. 50도 이상의 뜨거운 온천수는 물론이고, 100도가 넘는 곳에서 사는 것들도 있어.

또 깊은 바다 밑에 있는 심해 화산의 열수구 근처에서 발견된 고세균은 113도 정도에서 산단다. 90도 아래로 온도가 떨어지면 살 수 없지.

대부분의 세균은 소금기가 많은 곳에서는 자라지 못하는데, 소금기 많은 곳을 좋아하는 호염성 균도 있어. 식중독 균으로 악명 높은 비브리오균이 3퍼센트 정도의 소금물에서도 잘 자라는 편인데, 호염성 균은 최소 8.8퍼센트에서 최대 30퍼센트까지의 소금물에서도 잘 자란단다.

고세균은 사실 그 정체가 드러난 지 얼마 되지 않았단다. 약 40년쯤 전인 1977년이 되어서야 세균에서 분리되었지. 고세균이 극한의 환경에서 서식하기 때문에 발견도 아주 늦었을 뿐더러 우리가 사는 환경에서는 잘 자라지 못해 연구도 힘들었거든.

하지만 아직 연구가 많이 되지 않았다는 것은 앞으로 발견할 수 있는 것들이 많이 있다는 의미겠지? 베일에 싸인 고세균의 세계로 발을 한번 풍덩 담가 보는 건 어때? 다른 사람들이 가지 않은 길을 가는 건, 힘들긴 하지만 아주 매력적인 일이니까 말이야!

2 **도움**이 되기도 하는 **세균**

🦠 장을 건강하게 해 주는 유산균과 김치를 만드는 젖산균

　우리나라를 대표하는 발효 음식 중의 하나로, 폐암, 위암, 대장암 등의 암과 당뇨병, 비만 등을 예방하고, 비타민이 풍부하며, 영양분의 소화와 흡수를 돕는 이 음식은 무엇일까? 정답은 김치! 발효 식품 하면 생각나는 게 있지? 균류인 곰팡이는 발효 작용으로 된장이나 치즈 등의 발효 식품을 만들고, 효모도 발효 작용을 통해 발효 식품인 포도주를 만들어 내잖아. 김치는 세균이 발효 작용을 일으켜서 만드는 음식이야.
　열심히 발효를 일으켜 맛있는 김치를 만드는 세균은 유산균이야. 요구르트 같은 유제품에 잔뜩 들어 있는 그 유산균이 맞아. 유산균이 우유에서 발효 작용을 일으키면 요구르트가 만들어지고, 김치 속에서 유산균이 발효 작용을 하면 맛있는 김치가 만들어진단다. 보통 요구르트를 만드는 세균은 유산균이라고 하지만, 김치를 만드는 세균은 젖산균이라고 불러. 둘 다 같은 세균인데 어디에서 어떻게 작용하느냐에 따라 다른 이름으로 불리는 거지.

유산균은 '장의 미화원'이라고도 불려. 장 속에 있는 나쁜 세균을 죽이고, 좋은 세균은 열심히 개체 수를 늘릴 수 있도록 도와주거든. 그러니 유산균이 가득한 김치나 요구르트를 많이 먹으면 장이 튼튼해지겠지? 변비 환자에게 유산균이 가득한 요구르트를 추천하는 것도 다 유산균이 우리 장을 튼튼하게 해 주기 때문이란다.

장에 사는 유산균은 여러 가지가 있는데 그중에서도 비피더스균이 가장 널리 알려져 있어. 비피더스균은 아기가 태어나고 난 후 가장 먼저 몸속에 자리 잡는 세균이야. 특히 비피더스균은 모유를 먹고 자라는 아기한테 많은데, 비피더스균이 장 내에 충분하지 않으면 설사 등 장에 이상이 생긴단다. 건강한 장을 위해서라도 비피더스균을 많이 섭취하는 게 좋아.

우유가 어떻게 치즈가 된 거지?

　뜨거운 햇살밖에는 없는 곳, 사막. 아라비아의 상인은 장사를 하기 위해 이 사막을 지나고 있었어. 계속되는 더위와 뜨거운 햇볕에 지치고, 목도 말랐던 상인은 우유가 담긴 양의 위로 만든 가죽 주머니를 꺼내 들었지. 그리고 시원하게 들이켜려는 순간! 상인의 눈이 휘둥그레졌어. 우유가 상했는지 동글동글 멍울이 져 있지 뭐야. 상인의 입에서는 긴 한숨이 새어 나왔어. 사막을 건너려면 우유가 필요한데 이 모양이 되었으니 걱정이 이만저만이 아니었던 거야.

　하지만 아라비아 상인은 이 우유를 차마 버릴 수 없었어. 아직도 한참이나 더 사막을 지나야 했거든. 사막을 지나 장사를 하러 가야 했던 상인은 우유 덩어리를 조금 떼서 먹었어. 그런데, 어라? 생각보다 맛이 괜찮았던 거야. 더운 날씨에 멍울진 우유가 바로 오늘날 많은 사람들에게 사랑받는 치즈였단다!

치즈를 만드는 데에도 젖산균의 활약이 필요해. 젖산균이 우유에서 젖산을 만들어 우유에 응고물이 생기게 만들거든. 젖산을 만들 뿐만 아니라 초산, 과산화수소, 박테리오신을 만들어 치즈를 보존하는 데도 영향을 끼치지. 젖산균은 치즈 외에도 다양한 유제품을 만드는 데 활용되는 팔방미인 세균이야. 아, 하지만 치즈 중에는 세균이 아닌 곰팡이를 이용해 만드는 것들도 있어. 대표적인 것이 바로 블루치즈야. 하얀 치즈 곳곳에 얼룩덜룩한 모양이 있는 블루치즈는 푸른곰팡이를 이용해 만드는 치즈란다.

치즈는 가축의 젖을 주로 먹는 동양의 유목 민족을 통해서 만들어졌으며, 이것이 상인들에 의해 유럽으로 전파되었고, 유럽에서 다양한 치즈로 발전했을 것으로 학자들은 보고 있어. 특히 로마 시대에 치즈가 다양하게 발전했는데 아쉽게도 유럽에 페스트가 돌면서 수많은 치즈 제조법이 사라졌대. 다양한 치즈를 맛볼 수 있는 기회를 빼앗긴 것 같아서 아쉬울 따름이야. 많은

제조법이 사라졌는데도 현재 세계에는 약 1000여 종의 치즈가 있다고 해. 치즈는 숙성시키는 기간이나 치즈를 만드는 지역의 환경 등에 따라 다양한 종류로 만들 수 있기 때문에 지금도 어느 지역에서는 그 지역 나름의 새로운 치즈가 만들어지고 있을지도 모를 일이지! 유명한 치즈 몇 가지를 살펴볼까?

영국 …▸ 체더 치즈

체더 치즈는 우리가 주변에서 가장 흔히 보는 치즈 중에 하나야. 가게에서 파는 얇게 썰린 슬라이스 치즈로, 햄버거나 토스트 사이에 쏙 들어가는 치즈지. 영국의 체더 마을에서 만들어졌기 때문에 체더 치즈라는 이름이 붙었단다. 체더 치즈는 소의 젖으로 만드는데, 이것을 섭씨 약 30도에서 한 시간 발효시킨 후 응고물을 모아 압축해서 숙성시키면 맛있는 체더 치즈가 완성되지.

이탈리아 …▸ 파르메산 치즈

피자에 없어서는 안 되는 필수 재료, 파르메산 치즈! 주로 분말 가루로 만들어 스파게티나 피자 위에 뿌려 먹는 치즈지. 파르메산 치즈는 이탈리아에서 처음 만들어졌어. 약 13세기경에 파르메산 치즈 만드는 법이 체계적으로 정리되었는데 그 방법 그대로 현재까지도 파르메산 치즈를 만들고 있단다. 치즈의 왕이라고도 불리는 파르메산 치즈는 칼슘 함유량이 높아 골다공증이

나 노화 방지에 좋아. 하지만 열량이 높으니 맛있다고 많이 먹으면 안 돼!

스위스 ···▶ 에멘탈 치즈

에멘탈 치즈는 스위스의 대표적인 치즈로, 뽕뽕 뚫린 구멍을 갖고 있는 치즈야. 스위스 에멘탈 지방이 원산지인 에멘탈 치즈는 주로 햄, 베이컨과 함께 샌드위치로 만들어 먹는단다. 따뜻하게 데운 치즈에 빵 등을 찍어 먹는 퐁뒤 요리에 이 에멘탈 치즈는 빠지지 않는 재료지. 에멘탈 치즈의 상징이라고도 볼 수 있는 뽕뽕 뚫린 구멍은 '치즈 아이'라고 하는데 치즈가 발효되는 도중에서 세균이 내뿜은 이산화탄소가 밖으로 빠져나가지 못하고 안에서 공간을 만들기 때문에 생기는 것이란다.

네덜란드 ···▶ 에담 치즈

에담 치즈는 고다 치즈와 함께 네덜란드를 대표하는 치즈로, 대포 대신 사용되었다는 이야기가 있을 정도로 단단하단다. 크림을 제거한 우유를 사용해 치즈를 만들기 때문에 지방 함량이 낮은 편이고, 오랜 시간 동안 보관을 해도 잘 상하지 않지. 에담 치즈는 표면을 빨간색 파라핀으로 코팅을 하는데 이는 해외에 수출을 하는 동안 상하지 않게 하기 위해서란다.

식초를 만드는 세균, 초산균

"여보, 이거 맛이 좀 시큼한 게 이상한데?"

"어머, 또 그래요?"

앨리스 부인은 포도주를 한 모금 맛보더니 인상을 찌푸렸어. 포도주를 며칠 그냥 뒀더니 그새 또 시큼한 맛이 나지 뭐야. 이 문제는 비단 앨리스 부인 집만의 문제는 아니었어. 포도주를 갖고 있는 집에서는 이런 문제를 한두 번쯤은 다 겪었거든. 적당히 발효가 되면 맛있는 포도주가 되지만 조금만 잘못하면 시큼한 맛을 내는 식초로 변해 버리니 여간 골칫거리가 아니었지.

달콤한 포도주를 식초로 만드는 범인은 바로 아세트산균이었어. 식초를 만들기 때문에 초산균이라고도 하지. 아세트산은 순도가 높으면 고체로 존재하는데, 이를 '얼어 있는 초산'이라는 뜻으로 빙초산이라고 부른단다. 그러니까 아세트산균, 초산균, 빙초산은 모두 같은 세균을 이르는 다른 말인 거야.

효모의 발효 작용으로 만들어진 에탄올에 아세트산균을 넣으면, 공기 중의 산소를 이용해 물과 아세트산으로 분해시키는 발효 작용을 하는데 이를 아세트산 발효라고 해. 효모가 산소 없는 곳에서 발효를 일으키는 것과는 반대로 아세트산은 공기가 없으면 발효 작용을 일으키지 않는단다.

아세트산균은 섭씨 20~30도에서 가장 잘 번식하고, 10도 아래로 떨어지거나 45도가 넘는 곳에서는 잘 번식하지 못하지. 아세트산균은 사과식초, 양조식초 등 식초를 만드는 데 주로 사용되지만, 식중독을 일으키는 대장균이나 포도상구균을 죽이는 능력도 있어 음식이 썩는 것을 막아 주기도 한단다.

젊음을 돌려 드립니다, 보톡스

최근 몇 년간 여자들의 입에 자주 오르내리던 단어, 보톡스. 주름을 펴 주고 피부를 탱탱하게 해 주는 보톡스는 어리고 예뻐 보이고 싶어 하는 여자들 사이에서 유행처럼 번졌지. 미용에는 관심 없는 남자들도 한 번쯤은 들어 봤을 거야. 특히 나이가 들면서 생기는 주름살을 팽팽하게 펴 주는 효과 덕분에 보톡스는 큰 인기를 끌고 있지.

보톡스는 사실 클로스트리디움 보툴리눔이라는 세균이 배출하는 독소인 보툴리눔을 정제한 거야. 그 후 여러 연구와 실험을 거쳐 보툴리눔 독소가 눈꺼풀이 떨리는 증상이나 굳은 근육을 치료하는 데 효과가 있다는 것이 밝혀졌지. 그리고 우연히 한 의사가 여직원의 미간에 보툴리눔 독소를 주사로 놓았는데 주름이 마법처럼 펴진 걸 발견한 것을 계기로 보툴리눔 독소는 보톡스라는 상품으로 개발된 거란다. 우리에게 보톡스는 주름을 펴 주는 등의 미용 효과를 주는 것으로 유명하지만, 사실 미용 목적보다는 치료 목적으로 더 많이 사용되고 있어.

하지만 우리나라에서는 미용의 목적으로 더 많이 사람들에게 알려져 있어. 잃어버린 젊음을 되찾기 위해 보톡스를 맞는 사람들이 점점 늘어나기 때문이지. 하지만 무엇이든지 과하면 문제가 되는 법! 보톡스가 주름을 펴 주기는 하지만 너무 많이 사용하면 몸에 항체가 생겨 보톡스 효과를 보지 못할 수도 있어. 또 보톡스가 근육을 마비시켜서 치료하는 것이기 때문에 과하게 맞으면 얼굴 근육이 경직되어 웃을 때 어색하거나 무표정한 얼굴이 될 수도 있단다.

복어의 독보다도 훨씬 더 강력한 독성을 가진 보툴리눔 독소는 약 200그램만으로도 전 세계 사람을 모두 죽게 할 수 있을 정도로 강력해. 때문에 미국에서는 보툴리눔 독소를 이용해 만든 보톡스가 관리 대상으로 지정되어 철저하게 관리되고 있으며, 대량 살상 무기 목록에까지 올라가 있단다.

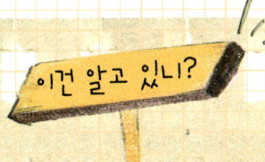

세균 잡는 방패, 백신

"**정말** 제너를 믿어도 될까? 저 소 고름을 맞으면 소가 된다는 얘기도 있던데."

"하지만 소젖을 짜는 여자들은 천연두에 걸리지 않잖아. 천연두에 걸려 죽으나 소가 되나 어쨌든 간에 인생은 끝이야. 난 우두를 맞을래."

스튜어트 씨는 눈을 질끈 감고 팔을 걷었어.

"이 종두법이 당신을 천연두로부터 지켜 줄 겁니다."

제너는 스튜어트 씨의 팔에 작은 상처를 내고, 소의 고름을 상처 부위에 문질렀어. 혹시 소가 되지는 않을까 살짝 걱정을 했지만, 스튜어트 씨는 이 우두가 무서운 천연두에서 자신을 지켜 주는 든든한 방패막이 될 거라고 굳게 믿었어.

1979년 세계보건기구는 천연두가 박멸됐다고 선언했지만, 그 전까지 천연두는 세계 인구의 사망 원인 중 10퍼센트가량을 차지할 정도로 무서운 질병이었어. 천연두는 예방법이 없었지. 게다가 천연두에 걸리면 피부 곳곳에 물집이 생기는데, 이 물집이 딱지로 변해서 떨어진 자리에 흉한 흔적이 남았기 때문에 더 끔찍한 질병이었단다. 이 천연두의 공포에서 사람들을 지켜 준 것이 바로 제너의 종두법이었어.

우두에 걸린 소의 고름을 사람의 몸속에 넣으면, 그 사람은 약간 앓다가 건강을 되찾았고 또 천연두에 걸리지도 않았거든. 제너의 우두법은 최초의 백신인 셈이란다.

백신. 컴퓨터의 바이러스를 막고, 치료해 주는 프로그램으로 우리는 잘 알고 있지. 하지만 원래 백신은 사람들의 질병을 막아 주는 예방법이란다. 우리가 병원에서 맞는 예방접종이 바로 백신이야. 우리 몸은 외부에서 낯선 침입자가 들어오면 면역체가 침입자를 죽일 수 있는 항체를 만들어 내. 이렇게 낯선 침입자와 몸속의 면역체가 서로 싸우는 기간 동안 우리는 병을 앓게 되는 거야. 그런데 침입자와 면역체가 싸우는 기간이 길어지면 당연히 우리가 병을 앓는 시간도 길어

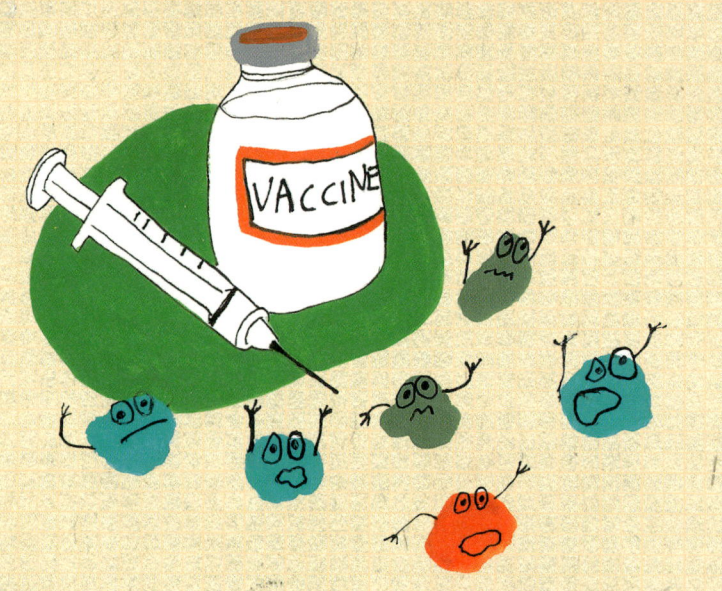

지고, 또 심할 경우엔 죽을 수도 있지. 이 시간을 줄이기 위해 백신, 즉 예방 주사를 맞는 거야.

질병을 일으키는 세균 중에서 이미 죽거나 힘이 약해진 세균을 일부러 몸 안에 넣으면 가볍게 병을 앓게 돼. 이렇게 병을 앓고 나면 다음에 같은 균이 침입했을 때 몸속의 면역체들이 그것을 기억해서 바로 항체를 만들어 내거든. 이렇게 우리 몸에 미리 넣는 세균을 바로 백신이라고 해. 백신은 침입자를 죽이는 항체를 만드는 속도를 빠르게 하여 병이 심각해지는 것을 막는단다.

백신이 병을 막기는 하지만, 우리 몸에 세균을 넣어 병을 일부러 일으키기 때문에 백신을 맞을 때는 건강에 이상이 없는지 꼭 확인해야 해. 지금은 유행하지 않는 질병이라고 해서 백신을 맞지 않는 건 위험해. 사람들이 병에 걸리지 않는 건 병원균이 없어졌기 때문이 아니라 백신을 맞아 병을 예방했기 때문이거든. 또 백신을 여러 번 맞아야 하는 질병이 있는데 이런 경우 기간을 지켜야 몸에서 효과적으로 항체를 만들어 낼 수 있단다. 백신을 맞고 나서 항체가 생겼는지 확인하는 것도 필요해. 그래야 질병을 이겨 내고 내 몸을 지킬 수 있는지 알 수 있으니까 말이야.

3 무서운 세균

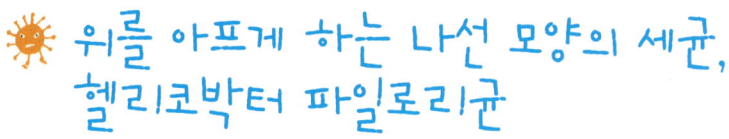
위를 아프게 하는 나선 모양의 세균, 헬리코박터 파일로리균

"아아……. 왜 이렇게 배가 아프지? 속이 쓰려…….."

나연이는 오늘도 새벽에 잠에서 깼어. 요 며칠 새벽에 배가 아파서 잠에서 깨는 일이 종종 있었거든. 가끔은 설사도 하고, 토할 것도 같은 게 영 몸이 편치 않았지. 아마도 보름 후에 있을 피아노 콩쿠르 때문에 신경이 예민해져서 그런 것 같았어. 나연이는 마음을 최대한 가라앉혀 신경을 안정시키려고 노력했지.

하지만 콩쿠르 당일 날, 나연이는 배가 너무 아파 피아노 연주를 제대로 할 수 없었어. 게다가 설사랑 구토 증세가 너무 심해져서 더 이상 참을 수 없었기에 나연이는 부모님과 함께 병원으로 향했단다.

"나연이는 현재 헬리코박터 파일로리균에 감염되었어요. 헬리코박터 파일로리균에 의한 위궤양입니다. 약을 먹으면 치료가 될 거예요."

한국인의 80퍼센트 정도가 감염되었다는 헬리코박터 파일로리균에 나연이도 감염된 거야. 위장 점막에 사는 헬리코박터 파일로리균은 위염, 위궤양은 물론 위암까지 일으키는 무서운 세균이란다. 때문에 1994년에 세계 보건 기구에서는 헬리코박터 파일로리균을 암을 일으키는 원인으로 지목하기도 했지. 보통 헬리코박터 파일로리균으로 인한 위궤양이나 위염 등의 질병은 어른들에게 나타나는 거라고 알려져 있었는데 요즘은 초등학생에게도 자주 생기고 있어서 주의가 필요하단다.

우리 몸에는 우리가 알지 못할 뿐, 엄청난 세균이 살고 있어. 가늠할 수도 없을 정도로 많은 숫자인, 10조 마리의 세균이 살고 있지. 우리 몸에 살고 있는 세균의 무게는 1킬로그램에 이르고 말이야. 이 10조 마리의 세균 중 대부분의 세균은 장에 살고 있어. 하지만 헬리코박터 파일로리균은 특이하게도 위에 사는 나선 모양의 세균이란다.

위는 '위산'이라고 하는 산도가 매우 높은 물질이 나오는데, 이 위산의 산성이 어찌나 강한지 쇠도 녹일 정도로 강력해. 때문에 보통의 세균은 이 강한 위산에 녹아서 살 수가 없단다. 그래서 사람들은 위에는 세균을 비롯한 미생물이 살지 못할 거라고 생각했지. 1983년, 헬리코박터 파일로리균이 발견되기 전까지는 말이야. 헬리코박터 파일로리균은 위에서도 끄떡없는 정말 강력한 세균이었어.

어떻게 보통의 세균은 살 수 없는 험난한 곳에서 헬리코박터 파일로리균은 살 수 있는 걸까? 헬리코박터 파일로리균의 몸속에는 암모니아를 만드는 효소가 있는데, 이 암모니아가 강한 위산을 중화시키는 역할을 한단다. 위에 살고 있는 헬리코박터 파일로리균 중 몇몇 세균들이 죽으면서 몸속에 있는 암모니아를 밖으로 내놓으면, 그 암모니아가 위산을 중화시켜서 살아남을 수 있는 거지. 게다가 헬리코박터 파일로리균은 위에서 위산이

위 속에 살고 있는 헬리코박터 파일로리균은 위궤양 등의 질병을 일으킨다.

가장 낮은 위 벽의 안쪽에 살기 때문에 다른 세균들에겐 죽음의 장소인 위에서도 끄떡없이 살 수 있는 거란다.

우리나라 사람의 약 80퍼센트 정도가 헬리코박터 파일로리균에 감염된 것은 우리만의 독특한 음식 문화 때문이라는 이야기가 있어. 국과 찌개 등의 음식을 먹을 때 각자의 개인 그릇에 덜어 먹지 않고, 큰 냄비에 여러 사람의 숟가락을 넣어 가며 먹기 때문이라는 거지. 헬리코박터 파일로리균은 주로 침을 통해 다른 사람에게 전염되거든. 헬리코박터 파일로리균으로부터 우리의 위를 지키려면 국이나 찌개는 개인 접시에 덜어서 먹는 게 아무래도 좋겠지?

충치의 원인 뮤탄스균

"위이이잉, 위이이잉!"

으, 소리만으로도 우리를 질겁하게 만드는 치과! 치과는 너무 무서워. 기계 소리도 무섭고, 약품 냄새도 무서운 것 같아. 의사 선생님 앞에서 입을 크게 쩍 벌리는 건 왠지 창피해. 내 입안으로 이상한 기계를 막 넣어서 치료하는 건 또 어떻고? 아픈 것도 아픈 거지만, 사람이 아니라 로봇이 된 것 같아서 기분도 별로야. 아무리 좋게 생각하려고 해도 치과는 왠지 무섭고, 가기 꺼

려지는 곳이지. 이런 치과에 가게 되는 이유도 다 우리 입속에 사는 세균 때문이야!

몸속에 세균이 있다는 것만으로도 놀랄 일인데, 입속에까지 세균이 있다고? 매일 밥 먹고 바로바로 양치질도 하는데 세균이 있다니! 갑자기 내가 굉장히 더러운 사람이 된 것 같아서 울적해……. 아니, 이런 생각은 곤란해. 입속에 세균이 사는 건, 우리가 코로 숨을 쉬는 것만큼이나 당연한 일이니까.

위 속이 세균이 살기 힘든 곳이라면, 입안은 세균이 살기 딱 좋은 곳이야. 사람들이 먹는 음식이 들어오는 곳이 입이라 세균의 먹이가 넘치거든. 그래서일까? 입속에는 약 350여 종의 세균이 살고 있단다.

입속에 살고 있는 350여 종의 세균 가운데, 우리에게 가장 잘 알려진 세균은 아마 뮤탄스균일 거야. 충치의 원인이 되는 균으로 악명을 떨치고 있는 뮤탄스균! 뮤탄스균은 우리 치아에 붙어서 살고 있는 세균이야. 사람들이 음식을 먹으면, 음식물 찌꺼기가 치아 사이사이에 들러붙게 돼. 그러면 먹이를 발견한 뮤탄스균들이 활발하게 움직이기 시작하지. 맛있는 먹이가 들어왔으니 뮤탄스균들이 가만있을 리 없잖아. 치아 곳곳에 붙은 먹이를 마음껏 먹은 후, 뮤탄스균은 산성 물질을 내놓는단다. 이 산성 물질이 치아 표면을 손상시켜 이가 썩는 거지.

뮤탄스균이 가장 좋아하는 먹이는 바로 설탕이야. 사람과 마

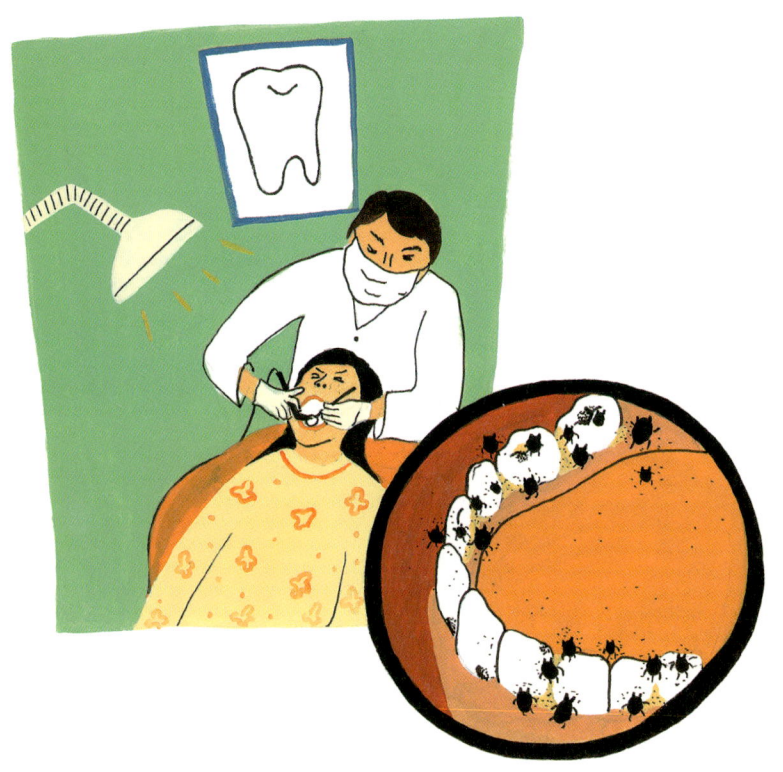

찬가지로 단것을 좋아하지. 뮤탄스균이 설탕을 먹으면, 다른 먹이를 먹었을 때보다 훨씬 더 많은 양의 산성 물질을 내놓기 때문에 충치가 생길 확률이 더 높아져. 그래서 단것을 많이 먹으면 이가 썩는다는 얘기가 있는 거란다.

그런데 이렇게 충치를 유발하는 뮤탄스균에게도 천적은 있어. 바로 자일리톨! 껌으로 만들어져 톡톡히 인기를 끌고 있는 자일리톨은 사실 뮤탄스균에게는 아주 무서운 존재란다. 자일리톨을 씹어 본 친구들은 알겠지만, 자일리톨은 단맛이 나. 뮤탄스균은 단것을 좋아하는데 왜 단맛이 나는 자일리톨은 뮤탄스균에게는 천적인 걸까?

자일리톨이 단맛을 내기는 하지만, 열량은 하나도 없단다. 설탕이 단맛을 내면서, 100그램에 약 387킬로칼로리의 열량을 갖고 있는 것과는 차이가 나지. 열량이 있어야 에너지를 만들어 쓸 수 있는데 자일리톨은 열량이 없으니 에너지를 만들 수 없겠지? 뮤탄스균은 자일리톨이 들어오면 단맛이 나기 때문에 마구 먹어. 그런데 아무리 많이 먹어도 뮤탄스균은 에너지를 얻을 수 없단다. 자일리톨에 열량이 없기 때문이지. 그래서 뮤탄스균은 에너지를 만들지 못하고, 점점 영양실조 상태에 이르게 된단다. 배는 부르지만, 영양은 없는 상태가 되는 거야. 몸에 영양이 없는 뮤탄스균은 결국에는 굶어 죽게 된단다. 자일리톨, 과연 뮤탄스균의 천적일 만하지?

자일리톨은 뮤탄스균의 천적일 뿐만 아니라 충치 예방에도 효과가 있어. 자일리톨 때문에 뮤탄스균이 굶어 죽게 되면 당연히 뮤탄스균이 내놓는 산성 물질이 줄어들겠지? 산성 물질이 줄어들면 우리 치아는 안전해지고. 이런 원리로 자일리톨이 충치 예방에도 효과가 있는 거야.

하지만 자일리톨만 씹는다고 충치가 안 생기는 건 아니야. 당연한 얘기지만 음식을 먹은 후에는 양치질을 철저하게 해야 충치를 예방할 수 있단다. 양치질을 하고 자일리톨까지 씹으면 충치 예방에 더 좋다는 거지, 자일리톨만 씹는다고 해서 충치에서 해방될 수는 없는 거란다.

☀ 유럽을 공포에 떨게 한 페스트균

"제발 이 후추가 우리 마을을 안전하게 지켜 줘야 하는데."

"그러게 말이에요. 페스트 때문에 옆 마을의 브라운 씨 가족이 다 죽었대요."

"괜찮아요. 후추가 우릴 지켜 줄 테니까!"

마을 사람들은 너나 할 것 없이 마을 곳곳에 후추를 뿌렸어. 이 후추가 당시 유럽 사람들의 목숨을 무자비하게 앗아 간 페스트로부터 자신들을 지켜 줄 거라고 믿었거든. 이러한 후추에 대한 믿음은 일반 사람들만은 아니었어. 심지어는 병을 진료하고 치료하는 의사들도 페스트로부터 안전을 지키기 위해 후추를 몸에 지니고 다녔거든!

14세기 중반 전 유럽을 휩쓸며 유럽 인구의 4분의 1 가량을 죽음으로 몰고 간 페스트. 지금이야 항생제가 발달해서 페스트에 대한 공포심이 크지 않지만 당시에는 치료법은 물론 왜 이 병에 걸리는지조차 몰랐기 때문에 페스트는 아주 무서운 병이었단다.

그런데 잠깐! 왜 유럽 사람들은 페스트를 막기 위해 마을 곳곳에 후추를 뿌렸던 걸까? 당시에 후추는 금과 맞먹을 정도로 비싼 고급 향신료였는데, 페스트가 왜 생기는지 몰랐던 사람들은 막연하게 후추가 페스트로부터 자신을 지켜 줄 것이라는 믿음

을 갖게 되었고 그 믿음 때문에 후추를 뿌렸던 거란다. 후추 특유의 향이 페스트를 막아 줄 것이라는 허황된 이야기도 돌았기 때문에 후추를 태워 향을 내기도 했지.

　페스트는 온몸이 검게 변하면서 죽기 때문에 흑사병이라고도 불러. 페스트균이 기생하고 있는 벼룩에 물리면 사람에게도 감염되는 전염병이지. 페스트는 전염병인데 페스트에 감염된 사람이 재채기나 기침을 할 때 입에서 튀어나온 침 등에 의해 감염이 된단다. 감염된 사람이나 동물에 직접 닿아도 전염되지. 페스트는 감염되기 쉬울 뿐만 아니라 생명력도 나름 끈질기단다. 사람의 피 속에서는 100일까지 살 수 있고, 사람의 조직에서는 심지어 270일 가량 살 수 있거든.

페스트는 병이 생기고 500년이 지나서 치료법이 개발됐어. 그 전에는 치료법이 없었기 때문에, 페스트는 무기로 사용되기도 했단다. 제2차 세계 대전 당시 일본의 731부대는 중국의 만주 지역에 페스트균에 감염된 벼룩을 살포했어. 이 때문에 약 2만 6천여 명의 사람이 페스트에 감염됐다고 해. 정말 끔찍하지?

항생제가 발달해 페스트 걱정 없는 세상에 태어난 우리는 행운아가 아닐까? 아마도 중세 유럽 시대에 태어났다면 우리도 후추를 몸에 지니고 다녔을지도 모를 일이지. 금과 맞먹을 정도로 귀한 후추를 구할 수 있었다면 말이야.

공포의 하얀 가루, 탄저균

2001년 9월 11일, 오전 9시경. 미국 뉴욕의 하늘은 검은 연기로 가득했어. 세계무역센터로 비행기가 날아든 사고가 터진 거야. 테러 집단이 비행기를 납치해 잔혹한 테러를 벌였던 거지. 그리고 오후 5시경, 세계무역센터는 처참히 무너졌어. 세계무역센터 뿐만 아니라 미국의 국방부 건물인 펜타곤도 테러로 건물 일부가 파손되었단다. 이 끔찍한 사고의 상처가 채 아물기도 전에 미국의 한 신문사에 근무하는 사람이 탄저균에 감염되어 죽은 사건이 발생했어. 뿐만 아니라 이 신문사 건물을 드나드는 사람의 몸에서도 탄저균이 검출됐지. 또 탄저균 가루가 들어간 우편물이 미국 의원에게 전달되기도 했고. 하지만 끝내 탄저균을 보낸 범인은 잡히지 않았지.

탄저균은 감염된 다음 날 항생제를 먹지 않으면 약 80퍼센트 이상이 죽을 정도로 강력한 세균이었기 때문에 전 세계적으로 탄저균에 대한 공포심이 번져 나갔어. 특히 탄저균은 세균인데도 가루로 만들 수 있었고, 가루로 만들면 흰색을 띠었기 때문에 공포의 하얀 가루로 불렸단다.

탄저균은 크기는 길이 4~8마이크로미터, 너비 1~1.5마이크로미터 정도로 세로로 길쭉한 모양이야. 사람을 죽일 수도 있을

공포의 하얀 가루 탄저균은 생물학무기로도 사용될 수 있는 무서운 세균이다.

정도로 무서운 탄저균은 생명력도 끈질겨 땅에 묻은 시체에서도 몇 년간 살기도 해. 시체 속에서도 생명력을 유지하기 때문에 탄저균에 감염된 사람이 죽은 경우, 무조건 화장을 해야 한단다. 또 열을 가하거나 햇빛, 또는 웬만한 소독제 등에도 강하기 때문에 탄저균에 감염된 것은 불에 태우거나 철저하게 소독해야 해.

탄저균은 이처럼 생명력도 강하고, 만들기도 쉽고, 사람에게 치명적인 균이기 때문에 나쁜 사람들 손에 악용되면 큰 재앙을 불러올 수가 있는 아주 무서운 균이야. 비록 백신이 만들어지긴 했지만 양이 적고 부작용도 많고, 항생제에 대한 내성이 강해지고 있어 큰 효과를 얻기는 힘든 상황이란다.

☀ 무서운 식중독 균, 비브리오균

여름방학을 맞아 가족들과 함께 바닷가로 놀러 간 정철이네 가족! 맛있는 회와 조개도 먹고, 해변에서 신나게 물놀이도 하면서 최고의 피서를 보내고 왔지. 하지만 집에 돌아오고 나서 가족들은 심한 설사와 복통에 시달렸어. 계속된 복통과 설사에 몸에 있는 모든 기운이 다 빠져나간 것만 같았어. 그런데 함께 놀러 갔던 삼촌은 며칠 후에 갑작스럽게 세상을 떠났어. 같은 음식을 먹고, 같이 놀았는데 정철이네 가족은 배탈과 설사로 끝났지만, 삼촌은 죽은 거야. 도대체 정철이네 가족에게 무슨 일이 생겼던 걸까?

정철이네 가족이 배탈과 설사를 겪고 삼촌은 죽게 된 이유는 모두 비브리오균 때문이었어. 비브리오균에는 여러 종류가 있는데 정철이네 가족이 감염된 비브리오균은 장염 비브리오균으로 식중독을 일으키는 비브리오균이었어. 삼촌은 비브리오 패혈증을 일으키는 불니피쿠스균에 감염된 거였고.

장염 비브리오균은 생선이나 조개 같은 어패류를 통해 사람에게 감염되는 세균이야. 어패류에 붙어 있던 장염 비브리오균이 회를 뜨거나 음식을 만들면서 음식에 감염되고, 감염된 음식을 먹음으로써 사람에게 감염되는 거지. 장염 비브리오균은 소금기 없는 민물에서는 살지 못해. 때문에 생선이나 조개 같은 어패류를 먹을 때 소금기가 없는 수돗물에 깨끗하게 씻기만 해도 장염 비브리오균을 대부분 없앨 수 있어. 또 섭씨 60도 이상으로 끓여도 장염 비브리오균이 죽기 때문에 끓이거나 익혀서 먹으면 감염될 확률이 낮아진단다. 장염 비브리오균은 보통의 식중독균처럼 잦은 설사와 복통을 일으키긴 하지만 2~3일 정도만 고생하면 말끔하게 낫기 때문에 크게 걱정할 필요는 없어.

하지만 불니피쿠스균은 아주 무서운 비브리오균이야. 불니피쿠스균에 감염되면 열 명 중에 다섯 명 이상이 죽을 정도로 치

사율이 아주 높거든. 게다가 감염되고 48시간 안에 사망하니 치료를 할 틈이 없는 셈이지. 불니피쿠스균은 장염비브리오균처럼 어패류를 통해 감염되기도 하지만, 작은 상처만으로도 감염될 수 있어. 몸에 상처가 난 채로 바닷물에 들어가면 바닷물에 있던 불니피쿠스균이 그 상처를 통해 사람 몸으로 들어올 수 있거든. 때문에 상처가 있으면 바닷물에 들어가지 말아야 해. 또 바닷가를 걸을 때도 조심해야 하는데, 조개껍데기나 생선 비늘 등을 밟아 상처가 생기면 거기에 붙어 있던 균이 상처 틈을 이용해 몸속으로 들어갈 수 있거든.

불니피쿠스균은 아직 백신도 개발되지 않았기 때문에 예방만이 유일한 방법이란다. 어패류를 먹을 때에는 깨끗하게 씻어서 먹고, 상처가 났을 때는 바닷물에 들어가지 않고, 해변을 걸을 때에도 조개껍데기나 생선 비늘 등에 상처를 입지 않도록 각별히 주의하기! 어렵지 않지?

☀ 칼과 못을 조심하라, 파상풍균

칼이나 못은 사용할 때도 조심해야 하지만, 칼이나 못에 베었을 때는 철저한 소독이 아주 중요해. 특히 칼이나 못이 녹슬었을 경우에는 바로 병원으로 달려가야 해. 쉽게 생각하다간 온몸에 경련이 일어나는 무서운 병에 걸릴 수도 있거든.

1884년에 발견된 파상풍균은 파상풍이라는 무서운 질병을 일으키는 세균이야. 주로 흙이나 동물의 대장 근처에 살고 있는 파상풍균은 증식하면서 테타노스파스민이라는 독소를 내뿜지. 이 독소가 신경계 쪽으로 침입하면 근육이 순간적으로 오그라들었다가 다시 원래 상태로 돌아오는 등 심한 마비 증상이 일어나. 파상풍에 걸린 환자는 얼굴에도 경련이 일어나 비웃는 듯한 얼굴 표정이 나타나기도 하지. 소리나 햇빛 등에도 자극을 받아 경련이 일어나. 이렇게 경련이 일어나면 목과 등이 경직돼서 몸이 활처럼 뒤로 휘어진단다. 세균에 의한 질병이 보통 세균 자체로 인해 생기는 것에 비해 파상풍균은 번식하면서 생기는 독소가 질병을 일으키는 원인이 되는 게 특이한 점이지.

파상풍균은 녹슨 칼이나 못에 다쳐 상처가 생긴 틈으로 들어오기도 하지만 신생아에게서도 파상풍균이 발견되는 경우가 있어. 배꼽을 통해서 들어오는 거지. 아기가 태어날 때 소독하지 않은 기구로 탯줄을 자르거나, 배꼽을 비위생적으로 처치한 경

우 그 틈으로 파상풍균이 들어오기도 하는 거야.

몸의 경련을 일으키는 파상풍균으로부터 우리 몸을 지키려면 예방 주사가 필수란다. 파상풍균 주사는 한 번으로 끝나는 게 아니라 10년마다 주기적으로 맞아야 해. 예방 주사 접종 시기를 놓치면 효과가 떨어지니 파상풍 예방 주사는 10년마다 챙겨서 맞는 거, 잊지 말자고!

☀ 살인 멜론의 원인, 리스테리아균

2011년 9월 미국에서는 멜론이 공포의 대상이 되었어. 미국의 콜로라도 지역에서 난 멜론의 껍질 부분에 식중독균인 리스테리아균이 기생하고 있었는데, 이 멜론을 먹은 사람들 중에 열일곱 명이 죽었거든. 사람들이 리스테리아균이 서식하고 있던 멜론을 먹고 죽었기 때문에 살인 멜론이라는 악명이 붙었지. 이 사건은 1998년 리스테리아균에 감염된 핫도그를 먹은 사람들 중 스물한 명이 사망한 사고에 이은 대형 식중독 사건이었단다.

리스테리아균은 1980년대에 미국 등지에서 발견되었는데, 우리나라에서는 1992년에 뉴질랜드에서 수입한 홍합에서 처음으로 검출되었어. 이후에 냉동 만두와 피자, 미국산 아이스크림에서도 리스테리아균이 검출되었고.

잠깐, 세균이 냉동 만두와 아이스크림에서도 검출되었다고? 뭔가 이상하지 않아? 보통의 세균은 따뜻한 곳에서 자라고, 온도가 낮은 곳에서는 살지 못하거든. 그런데 냉동 식품과 아이스크림에서 세균이 검출되었다는 건 리스테리아균은 온도가 낮은 곳에서도 끄떡없다는 얘기잖아! 그래, 불행하게도 리스테리아균은 낮은 온도에서도 살 수 있단다. 물론 다른 세균들처럼 섭씨 30도 이상의 적당히 따뜻한 곳을 좋아하기도 하지만 5도 이하의 온도에서도 잘 사는 냉온성 세균이야. 그렇기 때문에 냉동 만두나 아이스크림에서도 리스테리아균이 검출되었던 거지.

　리스테리아균에 감염되면 보통은 가벼운 배탈과 설사 정도만 겪고 끝나기 때문에 그리 위험한 질병은 아니야. 단 건강한 사람에게만 말이야. 하지만 임산부, 어린이, 노약자처럼 면역력이 약한 사람에게 리스테리아균은 목숨까지도 빼앗아 갈 수 있는 아주 무서운 세균이야. 아기를 가진 임산부의 경우 아기를 잃을 수도 있고, 패혈증이나 수막염 등의 심각한 질병을 유발하기도 하지. 건강한 사람에게는 힘을 쓰지 못하면서 면역력이 약한 사람에게는 강한 힘을 발휘하는 리스테리아균의 모습이 조금은 얄미워 보이기도 해.

　리스테리아균은 사람 몸속에 들어오면 1~7일 정도까지는 얌전히 지내지만 그 시간이 지나면 활동을 시작해. 건강하다면 가볍게 앓는 정도로 끝나지만 면역력이 약할 때는 무섭게 돌변하니 조심해야 해. 특히 리스테리아균은 냉장고 안에서도 잘 죽지 않으니 음식을 충분히 끓인 후 먹어야 한다는 거 잊지 마.

바이러스

바이러스는 미생물 중에서도 가장 작은 종류야. 일반적인 세균 크기의 천 분의 일 정도밖에 되지 않아. 너무 작아서 세균 여과기로도 걸러지지 않기 때문에 전자 현미경으로 봐야만 볼 수 있단다. 이렇게 작은 바이러스는 어떻게 발견되었던 것일까?

세계에서 제일 처음 발견된 바이러스는 담배 모자이크 바이러스야. 이 바이러스는 식물에 담배 모자이크병을 유발하는 바이러스인데, 담배 모자이크병에 걸리면 식물의 잎에 모자이크처럼 반점이 생기고, 결국에는 식물이 말라죽어. 이 병은 토마토, 강낭콩, 호박, 감자 등에 생겨서 작물을 수확하는 데 큰 피해를 주곤 했지.

학자들은 담배 모자이크병에 대해 연구를 하기 시작했어. 그런데 뭔가 이상한 점이 발견됐어. 담배 모자이크병을 유발하는 원인 균이 세균을 걸러 낼 수 있는 필터에 걸러도 걸러지지 않았던 거야. 세균 때문에 담배 모자이크병이 생길 것이라 생각했는데 몇 번을 세균 여과기에 걸러 내도 걸러지지 않자 학자들은 그것의 정체가 세균이 아니라고 생각했어. 그리고 몇 번의 실험과 연구를 통해 그 병을 일으키는 원인이 되는 것을 학자들은 '액상 전염성 바이러스'라고 불렀지. 이를 줄여 '바이러스'라고 이름 붙였고. 이렇게 바이러스는 세상에 그 모습을 드러냈단다.

바이러스가 생물인지 아닌지 사람들은 고민에 빠졌어. 바이러스는 혼자서는 자라거나 개체 수를 늘릴 수 없고, 소금 결정체 같은 결정체를 만들어 보관할 수 있었기 때문에 무생물이라고 생각할 수도 있었어. 하지만 자신에게 영양분을 제공하는 숙주를 얻으면 개체 수를 늘릴 수 있었고, 유전체를 복제할 수 있기 때문에 생물로 인정되었지.

바이러스는 어떻게 자기 자신을 복제할까? 바이러스는 다리처럼 생긴 핀을 세포에 꽂아 침입하는데, 그 안에 자신의 유전 정보를 집어넣어. 그러면 세포 속에 바이러스가 복제되고, 이 세포가 터지면서 밖으로 나온 바이러스들은 다시 새로운 세포를 찾아 움직이지. 이런 과정이 사람의 몸에서 일어나면 병에 걸리는 거야. 바이러스 때문에 걸리는 대표적인 병이 바로 감기란다.

사실 우리에게 바이러스는, 질병보다는 컴퓨터에 나쁜 영향을 끼치는 존재로 더 악명이 높지. 셀 수도 없을 만큼 무수히 많은 바이러스들이 컴퓨터에 침입해 컴퓨터를 망가뜨리니까 말이야. 사람 몸에 문제를 일으키는 바이러스를 백신을 통해 예방하듯이 컴퓨터를 망가뜨리는 바이러스도 백신이라는 프로그램을 이용한단다.

이렇게만 보면 바이러스는 우리에게 피해만 주는 것 같지만, 바이러스의 도움이 필요한 부분도 분명 있단다. 바이러스 중에서 세균에서 영양을 얻는 바이러스들이 있거든. 이런 바이러스들을 세균(박테리아)을 먹는다는 뜻으로 박테리오파지라고 해. 박테리오파지가 침입한 세균은 터져서 죽어 버리는데, 그 세균이 우리 몸에 안 좋은 병을 일으키는 세균이라면 병을 치료하는 데 도움이 될 수도 있을 거야.